本书得到国家自然科学基金重大培育项目(91024002)
国家自然科学基金项目(71603109)
山东省自然科学基金(ZR2016GB04)
山东省高水平应用型劳动与社会保障专业建设项目(01535003)
和山东工商学院博士基金(BS201627)资助

群体性突发事件演化机理及对策研究："情景—应对"视角

王循庆◎著

中国社会科学出版社

图书在版编目（CIP）数据

群体性突发事件演化机理及对策研究："情景—应对"视角/王循庆著．—北京：中国社会科学出版社，2017.6
ISBN 978－7－5203－0260－9

Ⅰ.①群… Ⅱ.①王… Ⅲ.①群体性—突发事件—公共管理—研究—中国 Ⅳ.①D63

中国版本图书馆 CIP 数据核字(2017)第 094581 号

出 版 人　赵剑英
责任编辑　卢小生
责任校对　周晓东
责任印制　王　超

出　　版　中国社会科学出版社
社　　址　北京鼓楼西大街甲 158 号
邮　　编　100720
网　　址　http：//www. csspw. cn
发 行 部　010－84083685
门 市 部　010－84029450
经　　销　新华书店及其他书店

印　　刷　北京明恒达印务有限公司
装　　订　廊坊市广阳区广增装订厂
版　　次　2017 年 6 月第 1 版
印　　次　2017 年 6 月第 1 次印刷

开　　本　710×1000　1/16
印　　张　11
插　　页　2
字　　数　160 千字
定　　价　48.00 元

凡购买中国社会科学出版社图书，如有质量问题请与本社营销中心联系调换
电话：010－84083683

前　言

当前我国社会正处于转型期，随着改革开放的深入和社会转型的加速，我国社会正步入群体性突发事件的多发阶段。群体性突发事件的发展演化具有高度复杂性，它的频繁发生及其越来越明显的对抗形式引起了社会各界的广泛关注，已经成为影响社会稳定的一个重要因素。正确识别和深刻分析群体性突发事件的发展演化机理，对于预防和处理群体性突发事件，减少社会损失、维护社会和谐稳定具有重要意义。

基于上述背景，本书以群体性突发事件为研究对象，基于“情景—应对”视角，综合运用管理学、运筹学、社会学、演化博弈理论和复杂网络理论等相关理论和方法，深入研究群体性突发事件的诱因和发展演化机理问题。全书分为七章，各章主要内容如下：

第一章介绍本书群体性突发事件的研究背景及意义，综述国内外在群体性突发事件领域的研究成果，概括本书的研究内容和研究方法。

第二章介绍突发事件、群体性突发事件的相关概念、特点、分类等基础知识，并对典型群体性突发事件进行分析。

第三章结合典型群体性突发事件案例，在分析群体性突发事件演化过程中的属性基础上，基于随机 Petri 网理论，抽象出事件的演化过程。分析造成群体性突发事件的主要原因是不同社会群体的利益博弈加剧了社会矛盾激化进而引发冲突。

第四章在第三章研究基础上，为了分析不同社会群体的利益博弈问题，基于演化博弈理论研究了群体性突发事件中两类异质性群体即强势群体与弱势群体策略选择的演化过程，建立了群体性突发事件的演化博弈模型，深入分析未引入上级政府惩罚机制和引入上级政府惩罚机制下的群体博弈策略问题。

第五章在第四章研究基础上，基于复杂网络和演化博弈理论构建了群体性突发事件社会网络演化博弈模型，分析不同社会网络的拓扑结构对个体策略选择与行为模式的影响。以弱势群体社会网络为例，基于 WS 小世界网络、BA 无标度网络两种复杂网络对弱势群体社会网络上的演化博弈进行了分析。

第六章在上述研究基础上，研究不确定环境下群体性突发事件的演化问题。通过引入高斯白噪声来反映群体性突发事件演化过程中受到的随机干扰，建立不确定环境下群体性突发事件的随机演化博弈模型。运用随机泰勒展开理论和伊藤随机微分方程对模型进行了求解，并对模型进行不同情景仿真模拟。

第七章总结本书的主要研究工作与研究结论，对本书的研究提出可以改进之处，为今后的研究工作指明方向。

本书的研究工作得到了国家自然科学基金重点培育项目（91024002）、国家自然科学基金项目（71603109）、山东省自然科学基金（ZR2016GB04）和山东工商学院博士基金（BS201627）的资助，在此表示衷心感谢！

由于作者的水平和时间有限，书中难免会有缺点和错误，敬请有关专家和广大读者批评指正！

王循庆

2017 年 1 月

目　录

第一章　绪论

第一节　研究问题提出及意义

一　研究背景

当前，随着我国经济的快速发展，利益格局与社会控制模式正在发生巨大的变化。由于我国正处于经济转轨与社会转型的关键时期，社会利益结构的分化速度过快，不同社会群体的利益博弈关系趋于复杂，导致不同利益群体之间的矛盾和冲突正在日渐增多。在经济结构的调整下，群体间利益之间的深层次矛盾进一步深化。随着不同社会群体的利益差异重合叠加，会导致社会群体间的矛盾加深，不同社会阶层诸如强势群体与弱势群体间利益发展不平衡，导致群体冲突更加严重（Dahrendorf，1959）。伴随着城市化、工业化、全球化的不断加快，社会结构也呈现出多元化的趋势，多元化群体利益间的冲突和竞争引发了许多不同程度的群体性突发事件。群体性突发事件不仅会对社会群体的心理造成不安影响，而且会对社会公众的财产和生命安全构成威胁，导致政府公信力下降（Kersten and Sidky，2005）。

从发展趋势来看，我国群体性突发事件频繁发生，事件的影响范围也在不断扩大。我国的群体性突发事件是随着社会改革与发展进程的不断推进而增多的。据中国社会科学院统计（黄凌娟，2007），20 世纪 90 年代初，全国发生的群体性突发事件每年数千起，1994 年首次突破 1 万起。到世纪之交，群体性突发事件发生的规模和数量开始持续快速增长，1998 年超过 2 万起，1999 年超过 3 万起，2001 年超过 4 万起，2002 年超过 5 万起，2003 年上升到 6 万起。2006 年以后，群体性突发事件发生的数量每年都维持在 9 万起以上。在群体性突发事件发生数量快速增长的同时，事件爆发规模也越来越大，参与人数已经由过去的每年几十万人扩大到现在的每年数百万人。群体性突发事件的矛盾激化程度不断升级，对抗性日趋激烈，暴力性、破坏性事件不断增加。

在社会改革和现代化进程中蕴含着众多不稳定因素，随着从传统社会向现代化转型的过程中，改革的迅猛性和深化性对当前社会经济关系和结构产生了巨大影响。这些影响不但使原来的各种社会矛盾加剧，同时也产生了许多新的矛盾，诸如发生在不同社会群体阶层间的冲突矛盾。我国当前正处在现代化建设过程中，所面临的问题相较于过去都更加的复杂和棘手，群体性突发事件的发生是社会中各种综合复杂矛盾积累聚合的产物。近几年的一系列重大群体性突发事件中，像 2005 年安徽池州事件，2008 年云南孟连事件、湖南吉首事件、贵州翁安事件、甘肃陇南事件，2009 年湖北石首事件，2011 年潮州古巷事件，2014 年云南晋宁征地惨案等，这些群体性突发事件呈现出矛盾激化和冲突加剧的新趋势，这也说明在我国社会转型时期出现了相当程度的非均衡态势。群体性突发事件具有突发紧迫性、矛盾对抗性、信息匮乏性等高度复杂性的非常规突发事件特征（刘德海，2010），它的频繁发生及其越来越明显的对抗形式已经引起社会各界的广泛关注，成为影响社会和谐稳定的一个重要因素。

群体性突发事件演变规律的复杂性等特征，导致此类事件的应急决策过程具有较高的不确定性和动态性。传统处理突发事件的“预测—应对”模式主要是依赖于经验案例或历史数据，并据此编制应急预案。但由于群体性突发事件不同于常规突发事件，其实际发生的情况与应急预案设定的情况往往会存在较大的差距，缺乏有效针对性。另外，群体性突发事件演变过程中参与人员多元性、人数规模信息不完全等都导致事前无法对群体性突发事件进行准确预测。因此，传统的“预测—应对”决策模式已经无法实现对这类事件的有效应急管理，亟须转变为“情景—应对”的应急方式。

因此，开展群体性突发事件的演化机理研究，科学构建群体性突发事件应急机制，建立健全社会安全保障体系，正确应对群体性突发事件既是当前我国社会公共安全管理的重要任务，也是维护社会和谐稳定的关键着力点。本书将结合我国目前群体性突发事件的典型案例，基于“情景—应对”视角，运用演化博弈和复杂社会网络等相关理论与方法，探讨群体性突发事件的产生与演变规律问题，通过采取科学的方案建立起有效的预警和治理体系，从根本上降低群体性事件发生的频率，减少群体性事件给社会带来的伤害，提升群体性突发事件治理的针对性和有效性程度。同时，通过本书为科学应对和解决群体性突发事件提供相关理论支持和经验借鉴。

二 问题提出

基于上述群体性突发事件研究背景，我们发现还有以下问题需要进一步研究：

（1）导致群体性突发事件发生的原因是什么？群体性突发事件内部属性之间是如何进行关联演化的？群体性突发事件的发展演化规律是怎样的？

（2）群体性突发事件中不同社会群体之间是如何进行利益博弈的？强势群体与弱势群体这两类异质性群体其策略选择是如何演化的？当上级政府惩罚满足什么条件下能够促使这两类群体最终选择合作策略，放弃强硬对抗策略，避免发生暴力冲突？

（3）不同社会网络结构下群体性突发事件演化规律是怎样的？如何针对不同的社会网络群体性突发事件进行决策避免群体冲突？

（4）针对群体性突发事件在不确定环境下的演化问题，需要考虑不确定环境对两类异质群体策略演化会造成怎样的随机干扰？受到不确定环境影响时，强势群体与弱势群体会表现出什么不同的策略演化情景？如何降低不确定环境对群体性突发事件造成的随机干扰防止群体冲突进一步扩大化？

上述研究问题的有效解决将有助于科学认识群体性突发事件的发生、发展及演化规律，对于预防和处置群体性突发事件，减少社会损失、维护社会和谐稳定具有重要的现实意义。

三　研究意义

综上所述，研究群体性突发事件的产生与演化规律已经成为当今研究亟待解决的问题，其意义主要体现在如下两个方面：

首先，从学术研究角度来看，国内关于群体性事件的研究主要是从社会学和心理学的角度去探析群体性突发事件发生的原因，而较少从群体性突发事件的内部属性维度去分析群体性突发事件演化规律。尤其不同社会网络结构下群体性突发事件演化是不同的，目前关于群体策略与网络结构协同演化问题还缺乏深入研究。此外，现有研究主要是在确定性环境下分析群体性突发事件演化问题，而针对不确定环境下的群体性突发事件演化问题还没有相关研究。因此，本书基于演化博弈和复杂网络等理论分析群体性突发事件的发展演化机理，从多角度提出群体性突发事件的应对策略，力求丰富群体性突发事件的研究内容，促进群体性突发事件应急管理理论的发展。

其次，从实践应用角度来看，群体性突发事件已经成为影响当前社会稳定的重要因素，也成为考验政府应对能力和执政水平的关键指标。近年来，频繁爆发的大规模群体性突发事件，已明显暴露出我国社会不同利益群体的矛盾日益加剧，以及政府在应对群体性突发事件方面还缺乏科学的管理方法。所以，研究群体性突发事件的演化规律问题，能够帮助政府正确认识到群体性突发事件的产生和演化机理，及时制订科学有效的应急决策方案预防群体冲突发生，进而避免群体性突发事件的发生。这对于指导政府相关部门科学预测群体性突发事件发展趋势，提升治理群体性突发事件的能力具有重要的现实意义。

第二节　国内外研究现状及评述

本书的研究对象——群体性突发事件是突发事件中的一个特殊类型，既具有突发事件的一般特性，又有其自身的独特性质。根据本书提出的研究问题，我们将从群体性突发事件演化机理、演化博弈相关理论研究、情景分析研究等方面对国内外相关的理论文献进行回顾和归纳分析。

一　群体性突发事件演化机理研究综述

群体性突发事件的发展演化具有高度复杂性，学者们从不同角度对群体性突发事件的发展演化过程进行了研究。根据已有研究成果，本节将从群体性突发事件演化模式和演化模型两个方面对群体性突发事件演化机理研究进行综述。

（一）群体性突发事件演化模式

关于突发事件的演化模式，特纳（Turner，1976）将突发事件的演化过程分为事件开始点、孵化期、急促期、爆发期、援助期和社会调整期六个阶段。在此基础上，又研究了突发事件发生的诱因及其相互作用和耦合（Turner，1992）。芬克（Fink，1986）提出了潜伏期、爆发期、扩散期和解决期四阶段突发事件演化生命周期。西蒙和保查恩特（Simon and Pauchant，2000）进一步将突发事件演化过程凝练成潜伏期、爆发期和恢复期三个阶段。国内学者余廉和吴国斌（2006）在总结国外关于突发事件的演化模式研究基础上，强调要加强对突发事件演化中的耦合模式等演化模式的研究，指出突发事件与次生事件之间的复杂演化模式是典型的耦合演化模式。吴国斌（2006）进一步分析了突发事件演化过程中的次生灾害事件间耦合模式，包括循环式扩散耦合模式、同步式扩散耦合模式、抑发式扩散耦合模式、促发式扩散耦合模式、强化式扩散耦合模式和伴生式扩散耦合模式六类模式，并分析了次生灾害间的作用方式和关系，将其归纳为三种扩散方式，即单向式、辐射式和汇集式，进一步分析了突发事件的扩散动力的表现形式：连续性、间断性和同步性三种形式。裘江南等（2009）从事件输入、状态和输出要素之间的相互作用关系角度分析了突发事件的演化模式，并抽象出突发事件间的共性要素，进一步分析了突发事件链的演化过程。马建华和陈安（2009）提出了四种突发事件的演变模式即转化模式、蔓延模式、衍生模式和耦合模式，又针对事件中主体的不同分为事件演变和承载体演变，并分析了不同类型突发事件的演化模式。

在突发事件演化模式研究基础上，付允等（2008）通过社会燃烧理论对群体性突发事件的各个演化阶段进行分析，并对其中引起群体性突发事件的点火因素、助燃因素以及燃烧物质等进行了研究，然后运用价值累加理论、模仿理论、感染理论、紧急规范理论等构建了群体性突发事件演化过程中的概念模型，基于概念模型对群体性突发事件的演化机理进行分析。罗成琳和李向阳（2009）对我国现阶段发生的典型群体性突发事件进行了归纳分析，在此基础上提取了影响群体性突发事件演化的主要指标，基于系统的研究角度将群体性突发事件演化机理模式分为两大类：（1）静态结构模式，它强调参与到群体中的主体具有多个层级和多个属性的特点；（2）动态流程模式，则强调演化系统动力学路径过程，将演化过程分为群体性突发事件诱因发生阶段、次生事件发生阶段、群体暴力冲突爆发阶段、应对处置群体冲突阶段和事件平息善后处理阶段五个阶段。魏玖长、韦玉芳和周磊（2011）对群体性突发事件中群体行为的演化规律进行了研究，将群体性突发事件演化过程总结为形成阶段、强化阶段、执行阶段和解体阶段四个阶段。向良云（2012）构建了群体性突发事件影响因素的概念模型，将涉及的影响因素和演化动力分为导火索事件情景、社会公众认知、群体组织结构和群体心理四个方面。向良云（2013）进一步基于公共安全“风险—危机”视角将群体性突发事件演化模式归结为潜伏阶段、酝酿阶段、激化阶段、爆发阶段和恢复阶段五个阶段。姜金贵等

（2015）基于扎根理论系统分析和识别了群体性突发事件诱发因素之间的关系，基于公平性角度将群体性突发事件的发生机理归结为公平意识、公平诉求和公平抗争三个阶段的相互作用。

（二）群体性突发事件演化模型

有关群体性突发事件的演化模型问题，国外主要侧重于对集群行为演化模型的研究。兰顿（Langton，1989）研究了社会群体中每个个体的行为与其邻居个体行为之间的关系，发现个体的行为是受到其邻居个体行为的影响，表明每个个体行为的决策并不是都由其信息完全决定，而是只掌握了局部的决策信息，由此提出了最著名的弗洛金（Flocking）模型，即基于人工生命的群体行为模型。在弗洛金模型中，群体中个体在遵循对齐规则（Alignmeni）、聚集规则（Cohesion）和分离规则（Separation）三条行为规则下，就可以模拟社会群体中大多数的行为现象。雷诺兹（Reynolds，1987）将粒子对应于群体中的每个个体，而具有相同行为模式的整个群体就对应于一个粒子的集合系统，构建了基于粒子系统的集群运动动力学模型，通过粒子间的相互运动模拟群体的运动规律。同时，在建立的粒子系统动力学模型中设置了各种不同类型的力场，采用牛顿力学原理研究不同力场情形下粒子系统的运动过程，并基于此模拟分析群体在受到不同类型力场情形下集群运动变化规律。布罗根和霍金斯（Brogan and Hodgins，1997）结合粒子系统原理，对不同人群所具有的物理特征进行了对比分析，将群体所处的地理位置、运动速度、加速度变化等因素都进行了考虑，基于动力学理论建立了集群运动模型，并分析了社会群体中的个体运动对集群行为的影响作用。亨德森（Henderson，1971）指出社会群体的行为规律与流体或气体的流动规律相似。布雷德利（Bradley，1993）进一步通过流体力学模型探索了流体的运动规律，在此基础上利用流体力学中的纳维叶—斯托克斯（Navier - Stokes）方程对社会人群的运动模型进行了分析。休斯（Hughes，2000）对布雷德利（1993）构建的流体力学模型进行了改进，认为社会人群的运动不同于流体的简单运动，人群是具有一定的思考主观意识，由此引出一个新的概念"思考的流体"，并基于连续模型对集群行为选择的演化过程进行了分析。Zarboutis 和 Marmaras（2004）从社会群体中的个体角度研究了个体之间的相互作用规律，对社会群体的集群行为涌现过程进行了探索。Pelechano、Allbeck 和 Badler（2007）考虑到人群的行为会受到其当时所处的地理环境和群体心理等因素影响，由此构建了一个依赖于群体所处地理环境和群体心理相关的群体力学模型，对人群在紧急情景下的集群行为涌现过程进行了模拟分析。

近年来，学者们基于博弈论研究了群体性突发事件演化模型问题，对群体性突发事件的发展演化过程进行了深入的分析，探索了群体性突发事件过程中不同参与社会群体的博弈策略演化过程，研究了群体性突发事件产生的社会根源。刘德海（2005）探讨了在群体性突发事件不同演化阶段信息交流所发挥的不同作用，基于演化博弈理论得到了处于制度危机阶段与制度转型阶段这两个不同阶段的扩散方程，研究发现，当处于群体性突发事件制度危机阶段时，应该由政府机构主动控制信息交流程度；当处于群体性突发事件制度转型阶段时，应该积极主动对社会进行信息披露，正确引导舆论认知。Lo 等（2006）将参与博弈的个体行为选择过程中各种备选的行为看作是策略集，建立了群体行为选择的非合作博弈模型，然后采用混合策略下的纳什均衡对社会群体行为的涌现机理进行了详细解释分析。Liu 和 Wang（2008）建立了一类政府机构与社会群体的博弈模型，分析了模型的纳什均衡，并对政府的不同应急处置策略进行了分析探讨。王志远（2012）认为，群体性突发事件中博弈参与者所掌握的信息对其策略的选择会有直接影响，从单人博弈和两人博弈视角分析了群体性突发事件的产生过程，并以日本地震核泄漏引发的中国东部沿海一些地区抢盐群体性事件为例，基于单人博弈和两人博弈进行了模型分析，指出由于博弈参与者具有有限理性，需通过改变参与主体的认知状态，正确引导公众获取信息，改变其行为策略选择，消除群体性突发事件。刘德海（2011）基于鹰鸽博弈模型研究了社会强势群体与弱势群体这两个群体间的策略演化过程，将动态变化的经济收入和公平性等因素加入到弱势群体的效用函数，对比分析了不同社会群体的博弈选择策略，得到了弱势群体选择积极斗争策略、无条件斗争策略、积极合作妥协策略的约束条件，以及引起群体性突发事件发生机理，即弱势群体自身的收益情况、对社会收入差距的敏感程度、选择不同行动策略后的预期收益等都是造成群体性突发事件发生的重要影响因素。Liu 等（2013）在演化博弈框架下分析了网络群体性突发事件公众舆论的演化过程。

此外，一些学者选取群体性突发事件的某一特定具体事件类型进行详细分析，盛济川等（2009）首先分析了水电移民群体性突发事件的诱因，在此基础上以进行征地的水电工程政府部门和被征地的移民作为博弈双方，基于演化博弈构建了一个非对称鹰鸽博弈模型，得到了水电工程政府和移民博弈双方的演化稳定策略，并指出可以通过提高移民斗争成本和制定合理的征地补偿标准等方式避免水电工程征地引发的群体性突发事件。吴雪芹和王宏波（2013）针对农村发生的群体性突发事件问题构建了当地基层政府与农民群体之间的演化博弈模型，分析了农村群体性突发事件发生的动态演化过程，通过贵州瓮安事件进行实例分析，认为农村群体性突发事件是基层政府与农民群体之间利益相互博弈而形成的，通过修正两个群体间的利益收益结构可以有效防止农村群体性突发事件的发生。刘德海（2013）对环境污染引发的群体性突发事件进行了研究，发现环境污染群体性突发事件演化过程中存在着群体利益博弈和信息传播。以渤海溢油和青海宜化环境污染群体性突发两个事件为例，分析了政府部门采取不同的信息传播策略和群体利益调解策略对群体性突发事件的影响，并研究了协商谈判和“暗箱操作”两种权力博弈结构下政府、企业和群众行为策略的演化过程。

综合上述相关研究，可以发现群体性突发事件的演化机理问题研究还处于起步阶段，目前大多基于实践经验等定性分析群体性突发事件，但针对群体性突发事件演化机理的定量研究还较少，仅有少数研究学者从博弈论视角对群体性突发事件演化问题进行了分析，还缺乏对群体性突发事件演化机理的进一步深入研究。

二　演化博弈相关理论研究

在群体性突发事件演化过程中，不同社会群体之间的利益博弈问题是近年来研究的一个重点问题。依据书中所涉及的博弈理论，将从演化博弈论的产生及运用研究、复杂网络上的演化博弈研究等方面进行评述。

（一）演化博弈理论的产生及运用研究

博弈论，又称"对策论"，主要用于分析理性参与者博弈的行为和结果。博弈模型通常参与者至少两个以上，每个参与者的策略选择都会影响到其他参与者，并且每个参与者都是通过与其他参与者的互动策略选择获得收益。博弈论表明，在所有的理性参与者中，每个参与者都想获得最大化收益的情况下，这些所有参与者可以通过博弈论的计算方法得到解决他们能获得最大收益的一种办法和途径（Osborne and Rubinstein，1994；Kuhn，1997）。同时，参与个体的收益都取决于其他个体的行动策略，不同的参与个体间利益目标有时具有一致性，但有时却是对立的（Myerson，1991）。传统博弈理论中最重要的概念是纳什均衡，它是当其他参与者不再改变选择策略时，此时，自己的收益是最大的，而当其他参与者改变策略时，自己的收益就会损失（Nash，1950）。麦卡恩（McCain，2010）同时指出，传统博弈理论中的参与者都是假设其是完全理性的，这样才能对完全理性参与者的行为进行预测。

传统博弈论是将博弈参与者都假设为完全理性的，将博弈规则进行了简单化和抽象化处理，参与者是对博弈各个参与方的策略利益都事先掌握，即对博弈构造都清楚。并且各方进行充分的信息交流，具备良好的推理预测能力（Aumann，1995）。同时，在完全理性假设下博弈参与者都要通过其共同知识来做出决策的，并且很快就能到达均衡策略（Fudenberg，1998），这显然不符合实际，在现实中到达正确的均衡策略需要通过不断地选择适应。刘德海（2005）指出，传统博弈论局限在假设博弈个体具有“超理性”，并且博弈过程是发生在固定环境下，不能动态分析群体性突发事件过程中有限理性博弈个体的策略选择过程。宾莫尔（Binmore，1989）也认为，完全理性是脱离实际的。

此外，现实中博弈参与者很难具备充分的信息交流，尤其随着外部环境的变化，信息交流会变得更加复杂。传统博弈理论是对一个相对独立的博弈进行博弈决策，在现实中参与者是将它作为多次博弈中的一个来进行决策的，尤其是博弈中存在多个均衡策略时更不可能一次就找到正确均衡策略。弗德伯格（Fudenberg，1998）认为，均衡是有限理性者经过长期的博弈过程寻找到最优策略的一个结果。因此，传统博弈理论都是研究在固定环境下完全理性参与者假设下的博弈过程，无法研究动态多变环境下有限理性参与者的博弈问题。

演化博弈理论不同于传统博弈理论假设博弈参与者都是完全理性的，博弈参与者是具有有限理性的，开拓了博弈论的一个新研究角度。演化博弈理论起源于20世纪70年代，最初是由史密斯和普赖斯（Smith and Price，1973）在对生物进化过程现象进行分析时提出的，并给出了演化博弈理论中的演化稳定策略（Evolutionarily Stable Strategy，ESS）。进入90年代，演化博弈理论得到了新的发展，威布尔（Weibull，1995）对演化博弈理论进行了系统的归纳和总结，指出演化博弈是以达尔文的生物进化为理论基础，是具有某种适应性学习能力的渐进演化过程，适应度高的个体将会被保留下来。宾莫尔、萨缪尔森和沃根（Binmore，Samuelson and Vaughan，1995）考虑了演化过程中的随机突变问题，并将个体动态进入种群和退出种群以及模仿等机制进行了综合探讨，由此得到了演化博弈理论中的动态模仿者概念。塞西（Sethi，1998）考虑到策略被模仿学习的可能性不同，有些策略几乎很难被观察，所以会更难被模仿学习，提出了一般化的复制动态方程。

针对演化博弈中的合作行为机制，诺瓦克（Nowak，2006）提出了合作遵循的五个演化机制。特劳尔森和诺瓦克（Traulsen and Nowak，2006）对组群的合作行为进行了深入研究，他们将一个群体细分成组，个人和组其他成员间的交互决定了组的繁衍概率。繁殖的后代和父代被分在同一个组，当这一组规模达到一定规模后，它可以分成两个组。在模型中，合作比例大的组具有更高的适应度，因此，其会有较大的繁衍概率，更能促进组内合作水平。也有学者探讨了惩罚对合作机制的影响，博伊德等（Boyd et al.，2003）对群体中不合作者的惩罚（利他惩罚）进行了研究，在演化博弈模型中引入了利他惩罚，结果表明，利他惩罚的实施能够显著提高合作水平，合作者的数目明显得到提升。

演化博弈理论已经被广泛地应用在经济领域、产业演化、制度变迁等方面，弗里德曼（Friedman，1991）最先对演化博弈理论在经济领域的应用进行了预测分析，并深入探讨了演化博弈的具体应用前景。弗里德曼（1998）以美国和日本的企业为背景，基于演化博弈理论研究了企业组织模式的演化，并分别对有贸易和没有贸易两种情景下的模式演化进行了对比讨论。Aoki 和 Okuno - Fujiwara（1996）对主观演化博弈模型进行了分析，指出模型是假设每个参与博弈的个体拥有关于博弈结构有限的认知，这些参与个体的主观认知都是由以前的经验所决定，只有当其博弈的环境发生很大变化时，或者参与博弈的个体认知发生变化时才会修改。Aoki（2001）进一步基于主观博弈模型对日本的社会经济体制进行研究，该模型能够阐明社会的制度演化规律以及社会危机的形成原因。Dosi、Marengo 和 Fagiolo（2003）对现有的演化博弈模型进行了拓展，研究了不确定环境下的演化博弈模型问题。Zhu 和 Dou（2007）应用演化博弈分析了政府和企业在实施绿色供应链的博弈问题，指出政府的补贴和惩罚对于企业实施绿色供应链管理的不同影响。Tomassini、Pestelacci 和 Luthi（2010）运用霍克—多夫（Hawk - Dove）博弈模型研究了满意度对合作的影响，研究发现，在模型中允许网络个体与不满意的相邻个体进行断开联系并选择一个新的满意个体，此时这种连接方式会明显提高合作的频率。

综合上述研究可以看出，演化博弈理论克服了传统博弈理论的局限，将有限理性参与者纳入研究中来。由于群体性突发事件具有信息不确定性、参与者有限理性等特点，因此，演化博弈理论的研究为分析群体性突发事件的产生与演化机理问题提供了理论基础。

（二）复杂网络上演化博弈研究综述

社会网络的拓扑结构对群体性突发事件演化具有重要的影响作用，而现实社会网络的拓扑结构通常体现为小世界性、无标度性等特征（Luthi，Pestelacci and Tomassini，2008）。因此，本书将从小世界网络和无标度网络上的演化博弈两个方面对相关研究成果进行综述。

1. 小世界网络上的演化博弈

最近研究表明，真实的社会网络中存在小世界特性，沃茨和斯特罗加茨（Watts and Strogatz，1998）发现，此网络具有大的聚类系数和小的平均路径长度，提出了介于规则网络和随机网络之间的模型即小世界网络模型。模型是从一个完全的规则网络出发，以一定的概率将网络中的连接重连。Dorogovtsev 和 Mendes（2000）利用个体选择概率建立了小世界网络，提出了一种精确求解算法。Boccaletti 等（2006）对小世界网络的拓扑结构属性如度分布、平均路径长度、聚类系数等进行了描述，同时分析了网络的演化动力规律。

复杂网络上的演化博弈近几年已经引起学者研究重视，艾布拉姆森和库珀曼（Abramson and Kuperman，2001）最早对小世界网络上的演化博弈进行了研究，他们分析了 WS 小世界网络上的“囚徒困境”博弈问题，采取的演化策略规则是每次博弈后个体都是采取与其随机连接所有邻居中收益最高的策略。同时，分析了随着重连概率变化导致不同的网络拓扑结构上的合作涌现程度，发现重连概率在一定范围内能够对合作起到促进作用，但在某些情况下对合作会起到抑制作用。金等（Kim et al.，2002）在艾布拉姆森和库珀曼（2001）研究基础上，首先定义了二维格子网络中一个特殊的节点即为影响节点，它是通过与网络中其他节点建立的。来影响其策略。结果表明，在影响节点的作用下合作并不保持在稳定状态水平，随着时间演化会使得合作突然发生破裂，而这个恢复过程需要很长的时间，且这个恢复时间取决于稳态合作的程度，通过增加或减少长程边连接来缩短恢复时间。Masuda 和 Aihara（2003）探讨了小世界网络从规则网络到随机网络时"囚徒困境"博弈中的合作涌现现象，并解释了小世界网络的自组织属性。Rong、Li 和 Wang（2007）探讨了度混合对网络中"囚徒困境"合作行为的影响，结果表明，度混合的网络在很大程度上使顶点（中心点）倾向于彼此连接，这样就破坏了合作者之间的合作可持续性，会促进背叛者的入侵，不利于合作。除了对小世界网络上的"囚徒困境"博弈进行分析，还对小世界上的雪堆博弈进行了研究（Kleinberg，2000；Shang，Li and Wang，2006；Tomassini，Luthi and Giacobini 2006；Zhong et al.，2006），发现网络上雪堆博弈参与者的合作行为与网络的空间拓扑结构、参与个体的博弈策略规则等有关。

针对网络中个体的多样性，Yang 等（2009）提出了一个可以控制网络中个体之间多样性水平的可调节参数 α，通过调节参数 α 可以改变个体的权重程度。并采用了新的演化策略规则，在演化时，个体选择一个相邻个体作为策略参考的概率与邻居的权重成正比，其更新策略取决于他们的个体收益差别，研究发现，存在一个最优的参数 α，使合作达到最高的水平。这一现象也表明，网络的多样性能够提高合作水平。Traulsen、Nowak 和 Pacheco（2007）通过改变小世界网络中每次个体与其他个体随机连接的数量，提出了一种新的个体演化策略规则。Du 等（2009）进一步研究了加权小世界网络上的演化博弈动力学，与未加权的网络相比，加权网络上的演化博弈（"囚徒困境"博弈和雪堆博弈）表现出截然不同的现象，仿真结果表明，加权网络的拓扑性质能够强烈影响合作水平。

还有一些学者针对 NW 小世界网络进行了分析，纽曼和沃茨（Newman and Watts，1999）提出了一种与 WS 小世界网络稍有不同的 NW 小世界网络，区别于 WS 小世界网络的随机化重连生成策略，NW 小世界网络生成规则是通过随机化加边。Fu、Liu 和 Wang（2007）侧重于研究小世界网络的异质性对“囚徒困境”演化博弈合作行为的影响，基于 NW 小世界网络，通过改变参数调节网络的异质性，发现网络的异质性能够对网络中个体的合作涌现起到有效的促进作用。此外，网络的平均度和演化策略规则都会影响网络的合作水平。Chen 和 Wang（2008）基于学习理论，采用随机学习规则研究 NW 小世界网络上不同收益期望水平的“囚徒困境”博弈中合作的演化，研究发现，个人意愿能够促进合作。Du 等（2010）研究了 NW 小世界网络上一个不对称收益分配机制的“囚徒困境”演化博弈问题，不对称的收益分配机制可以导致收入更多的节点合作更紧密，这也有助于解释理解社会财富不平等的现象。

此外，一些研究针对小世界网络演化博弈策略中的噪声影响进行了分析，Vukov、Szabó 和 Szolnoki（2008）研究了演化策略规则中涉及的噪声对策略交互的影响，基于蒙特卡罗模拟和动态平均场理论分析了噪声水平和收益参数，发现一定的噪声会对合作行为起到促进作用。Ren、Wang 和 Qi（2007）探讨了噪声对网络中合作者数目的影响，并分析了网络拓扑的随机性对网络合作性的影响。Zheng、Wang 和 Danca（2014）研究了小世界网络上演化策略中的噪声影响模式，通过改变小世界网络的随机重连概率，可以极大地改变噪声属性，并存在一个最优的随机重连概率，增强合作水平。

2. 无标度网络上的演化博弈

在对现实生活中的各种网络进行研究的过程中，学者 Barabási 和 Albert（1999）指出，很多网络（如遗传网络、万维网等）节点连接性遵循无标度的幂律分布，提出了一种新的复杂网络模型即无标度网络模型。发现无标度网络具有两个机制：增长机制是通过不断增加新的节点来进行扩张生成；优先连接机制是网络中新节点连接到旧节点的概率是依据节点已有的度的大小。Chung 和 Lu (2002) 对比分析了 ER 随机网络和 BA 无标度网络的度分布，研究发现，对比 ER 随机网络，BA 无标度网络的度分布具有明显的异质性，且网络度分布较大。同时，指出了 BA 无标度网络中存在少量中心节点，它们是处于网络的中心，与其相连接的邻居数目较多，度分布很大，对网络的动力演化起到重要的作用。另外，与 WS 小世界网络的平均路径相比，BA 无标度网络具有更小的平均路径长度。

针对 BA 无标度网络上的演化博弈问题，桑托斯和帕切科 (Santos and Pacheco，2005) 基于 BA 无标度网络上的“囚徒困境”和雪堆博弈进行研究，发现网络中个体通过增长和优先连接两种机制生成的关系网，能够使合作者成为网络中的主导者，对合作行为的涌现起到很大的促进作用。Ren 等 (2006) 对“囚徒困境”演化博弈和雪堆博弈上的个人偏好学习机制进行了分析，仿真结果表明，在 BA 无标度网络上，有偏好学习的个体相比于没有偏好的个体更会提高个体之间的合作，个体偏好学习机制显著提高了合作行为。还有一些研究发现，网络的异质性会对个体的行为策略有显著影响 (Pastor – Satorras and Vespignani，2001；Motter and Lai，2002；Lee and Kim，2005；Nishikawa et al.，2003)。桑托斯等 (Santos et al.，2006) 进一步研究了 BA 无标度网络上的演化博弈，结果表明，提高异构性能够支持合作的出现，这样，长期的合作行为能够抵制短期非合作的行为。

Gómez – Gardeñes 等 (2007) 考虑了网络中个体的差异性，将个体分为三类：总是配合个体（纯合作者）、总是背叛个体（纯背叛者）、间歇性地改变策略个体（中间者）。研究发现，在均匀的规则小世界网络上，纯合作者被分割成多个集群，而在异构随机网络中纯合作者会形成一个大的集群，这表明异质性在一定程度上促进了纯合作者的集群联盟。Tomassini 等 (2007) 研究了无标度网络上的演化博弈，发现策略更新规则、收益计算、合作时间点选择对网络合作行为产生显著的影响，还研究了网络中个体的动态行为及其演化稳定策略。Szolnoki 等（2008）对 BA 无标度网络上个体策略演化机制进行了探讨，分析了网络中个体与其周围邻居博弈后的收益累计向平均变化时对合作水平的影响，研究发现个体的平均收益增大明显提高了网络上个体的合作频率。

考虑到网络中个体记忆，Wang 等（2006）对 BA 无标度网络上的雪堆博弈问题进行了研究，研究表明，基于记忆的雪堆博弈模型，节点度小的个体为了自身的利益最大，会导致选择与节点度大的中心点个体相反的策略，但适当鼓励自私行为可以优化增强合作。此外，个体的记忆效应会有助于提高个体的合作效率。Fu 等（2007）等假设网络中个体具有一定的记忆能力，探讨了网络上的“囚徒困境”演化博弈。在群体博弈策略演化中，个体会记忆在几次博弈中有自私行为的邻居个体，出于自身利益，个体会惩罚其有自私行为的邻居个体，即会与其之间的连接断开，并寻找新的合作邻居进行连接，基于个体记忆可以调整与其邻居的连接关系。

三 情景分析研究

情景分析法适用于应对不确定环境下的各种非常规突发事件，目前基于情景分析法进行非常规突发事件的相关研究已经引起了学术界的广泛关注。关于“情景”国内外学者从不同角度对其概念和内涵进行了界定，主要研究成果如表 1 - 1 所示。

表 1 - 1 “情景”概念界定已有研究工作总结

微观层面	宏观层面
事件角度	
情景是一个包含很多重要参数的集合 赫斯和杭顿（Huss and Honton，1987）、方志耕（2008）、仲秋雁等（2012）	情景是未来条件和事件的一般描述 格舒尼（Gershuny，1976）、施纳斯（Schnars，1987）、休梅克（Schoemaker，1991）、威尔逊（Wilson，2000） 情景是对事件所有可能的未来发展态势的描述 波特（1982）、乔戈夫和默迪克（Georgoff and Murdick，1986）、芬利（Finlay，1998）、Ahmed 等（2010）、李仕明等（2010）

续表

微观层面	宏观层面
决策主体角度	
情景是某一时刻现场的场景或应急处置力量的状态 Rakotonirain 等（2000）、王文俊等（2005）、刘铁民（2008）	情景是决策主体所面对的事件发生、发展的态势 姜卉和黄钧（2009）、吴广谋等（2011）、梅茨（Metz，2003）

从以上研究成果分析发现，学者们多从事件发生、发展的态势对情景进行了定义描述。情景分析则是管理决策者观察和分析事件发生、发展的态势，是一种对不确定性的未来进行研究的方法（Van der Heijden，2011；Tucker，1999）。沃克（Wack，1985）从企业家和公司决策者的角度认为，情景分析是对充满不确定、快速变化的复杂未来环境的预见，这个过程能够为企业家和公司决策者应对未来复杂的前景，制定有针对性的公司战略提供支撑。芬克和施拉克（Fink and Schlake，2000）强调情景分析应该从系统整体的视角分析事件的发展态势，不能仅侧重于一种未来发展态势，需要综合考虑所有可能的未来发展态势。孙斌（2009）认为，情景分析法是注重事物未来发展可能存在的多种状态，并能够将未来可能出现的情景状态模型化，而这些模型化的情景状态则是对情景间因果关系进行描述的关键所在，以此对未来可能的发展态势进行分析。从上述研究可以看出，情景分析与传统意义上的预测显著不同，它是通过严谨详细地分析和描述未来发展趋势，并推理出未来各种可能的方案，为决策主体正确把握未来发展趋势提供支撑。

情景分析法已应用于研究非常规突发事件情景的演变规律及推演问题，袁晓芳等（2011）基于贝叶斯网络与 PSR 模型研究了非常规突发灾害事件的情景演变问题，并结合大连输油管道爆炸事件，分析灾害事件的情景演变规律。吴广谋等（2011）针对重特大灾害事故的不确定性、难以预测性等特征，构建了基于情景再现与态势推演策略的“情景—应对”应急决策模型。裘江南等（2011）从复杂系统视角，将各类突发事件发生发展过程模式化，建立了基于贝叶斯网络的突发事件预测模型。张承伟（2012）基于知识元理论，通过知识结构之间的关联关系对情景演变的过程进行了描述。杨保华等（2012）在分析非常规突发事件耦合作用关系的基础上，构建了基于随机网络的情景推演 GERTS 网络模型，给出了情景推演随机网络的求解方法，研究了非常规突发事件的情景推演问题。

四　文献评述

群体性突发事件发展演化机理的问题研究已经取得了丰硕的成果。但是，目前，研究大多基于实践经验进行分析，运用优化模型定量展开研究的文献较少。群体性突发事件的演化机理研究还处于起步阶段，仍有大量的问题有待于进一步研究。通过对群体性突发事件相关研究文献的综述，发现目前研究还存在以下局限：

（一）群体性突发事件演化情景问题

已有文献关于群体性突发事件演化问题的研究主要是从事件的发展模式等宏观角度进行分析，而从事件内部属性维度对群体性突发事件演化的问题研究还不充分，这主要体现在以下三个方面：

第一，群体性突发事件是一个多属性的集合，以往研究缺乏对其进行清晰化定义和结构化描述，无法为群体性突发事件的发生、发展等一系列演化问题研究提供良好的定量分析及事实依据。

第二，未综合考虑群体性突发事件演化过程中的关联属性变量之间的关系，不能全面有效地监控和应对群体性突发事件发展演化。

第三，缺乏对整个群体性突发事件演化系统的结构和动态行为的模拟分析，进而无法为系统地评估和改进提出建议。因此，基于属性维度分析群体性突发事件的内部演化机理更具有理论和实际意义。

（二）群体性突发事件中异质性群体的演化博弈问题

不同社会群体的利益博弈问题是群体性突发事件演化问题的重点研究问题。而现有研究缺乏分析群体性突发事件中异质性群体策略演化的不同，尤其未能分析异质群体初始策略的选择比例对均衡策略的演化产生的影响。关于构建群体性突发事件博弈模型时，大多研究只考虑了博弈双方的物质利益，较少考虑到非物质利益（如信誉损失）等参数对模型的影响。

此外，现有模型没有深入分析上级政府的惩罚力度对群体性突发事件中异质群体策略演化的影响，需要进一步分析上级政府惩罚满足何种条件时参与群体性突发事件的利益群体会最终放弃暴力对抗，选择合作策略。同时，随着上级政府惩罚力度的加大会对不同社会群体的策略演化产生怎样的影响，这些都是需要进一步研究的问题。

（三）不同社会网络结构下群体性突发事件的演化博弈问题

在对群体性突发事件演化进行分析时，以往研究只关注均质社会网络结构下的群体性突发事件演化，较少考虑不同社会网络的拓扑结构对群体性突发事件群体策略的演化影响。鲜有研究对社会网络中节点之间的博弈策略演化过程进行探讨，更没有分析社会网络的拓扑结构对个体策略选择与行为模式影响的不同。尤其缺乏基于复杂网络和演化博弈角度探讨不同社会网络结构下群体策略的博弈演化，以及进一步研究网络中个体博弈与群体结构的协同演化模型问题。

另外，现有研究关于网络的异质性对均衡策略演化的影响研究也涉及较少。

综上分析，针对不同社会网络拓扑结构对群体性突发事件的演化影响问题亟待深入完善研究。

（四）不确定环境下群体性突发事件随机演化博弈问题

通过对群体性突发事件相关研究成果进行综述可以发现，目前关于群体性突发事件演化博弈模型构建都是在确定环境下进行分析的，尚未发现研究不确定环境下群体性突发事件的演化问题。由于群体性突发事件发生环境的高度不确定性和复杂性，群体会受到外部环境（诉求不畅、应急薄弱）和内部环境（群体情绪、群体组织）等因素影响，这些因素都会对群体性突发事件演化过程产生随机干扰，造成演化过程的随机突变。在实际社会群体性事件演化过程中，两类群体掌握的资源不同，在受到不确定环境影响时，会表现出不同的策略演化情景，因此，需进一步分析不确定环境下群体性突发事件的演化博弈问题。

第三节 研究总体构思与方法

根据群体性突发事件应急管理实践和理论研究，本书基于“情景—应对”理论，运用演化博弈和复杂网络等方法，分析群体性突发事件的产生与演化机理问题，具体研究总体构思与研究方法如下：

一 研究总体构思

从群体性突发事件频繁发生的现实问题出发，凝练出群体性突发事件的产生与演化机理问题，进而对研究的科学问题解构成四个关键问题，提出所要解决的主要研究问题。本书的总体构思及技术路线如图 1-1 所示。

二 研究方法

本书以群体性突发事件的演化模型构建为研究主线，强调管理学、社会学、运筹学等交叉研究，通过运用随机 Petri 网、演化博弈、复杂网络等方法和理论对群体性突发事件进行研究。主要相关具体研究方法如下：

（一）随机 Petri 网方法

在研究群体性突发事件演化情景问题时，由于群体性突发事件演化过程是一个非常复杂的系统，而随机 Petri 网正是一种非常适合复杂系统仿真建模与分析的图形化工具，它综合了数据流、控制流

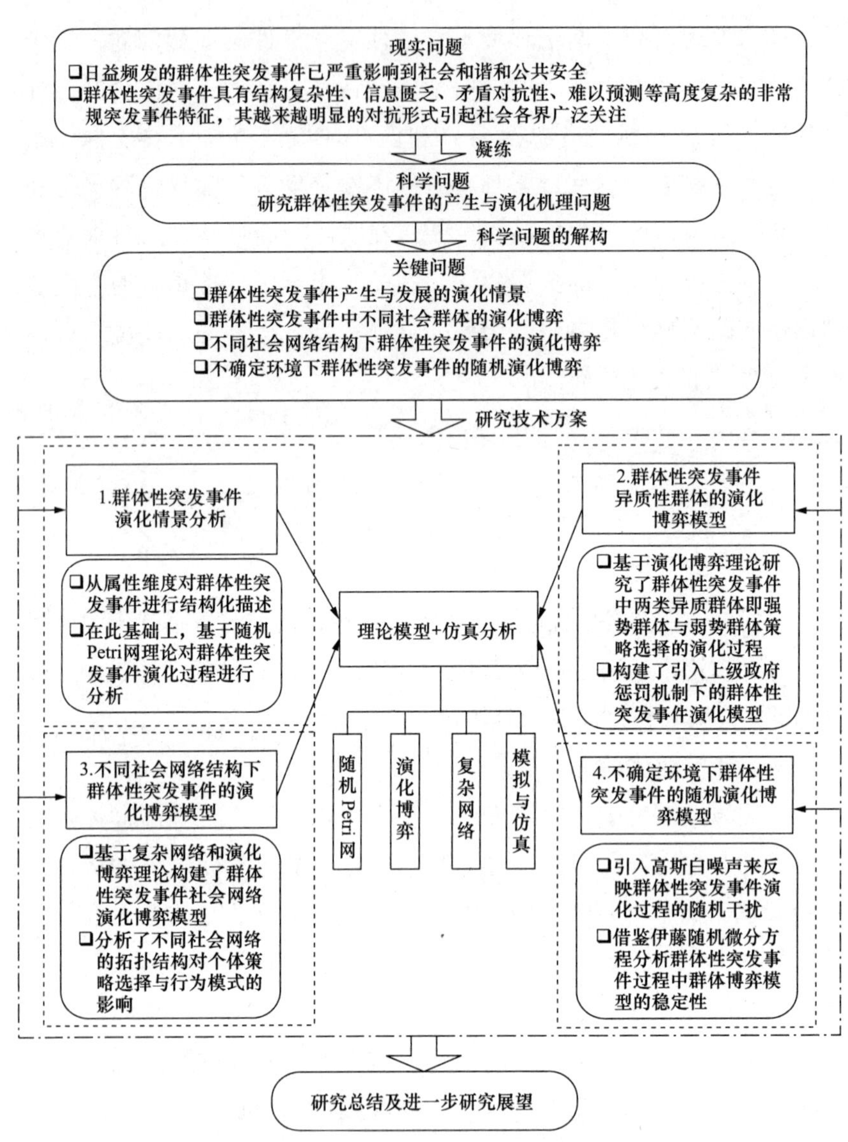

图 1－1　研究总体构思

与状态变迁，Petri 网中的变迁是系统内部状态之间的转化过程，而库所是表示转化前后系统所处的状态（林闯，2000）。本书利用随机 Petri 网理论研究群体性突发事件演化过程中的相关属性之间关系，探讨事件演化的均衡状态及结构变化，分析群体性突发事件的演化规律问题。

（二）演化博弈论

演化博弈能够分析有限理性群体的策略演化问题，而群体性突发事件中参与群体具有有限理性，因此，演化博弈理论为分析群体性突发事件中群体行为的策略演化提供了良好的理论途径。本书借助演化博弈理论研究群体性突发事件中两类异质性群体即强势群体与弱势群体策略选择的演化过程，并分析弱势群体与强势群体行为策略的稳定性。

由于群体性突发事件发生环境的不确定性，利用随机演化博弈理论可以有效分析群体性突发事件的随机扰动，通过引入高斯白噪声来反映群体性突发事件演化过程中受到的随机干扰，构建不确定环境下群体性突发事件的随机演化博弈模型。

（三）复杂网络理论

本书在研究不同社会网络结构下群体性突发事件中群体策略选择的演化问题时，借助复杂网络理论分析不同社会网络的拓扑结构，进一步分析了不同社会网络的拓扑结构对个体策略选择与行为模式的影响。并研究社会网络中节点之间的博弈策略演化过程，以WS小世界网络、BA无标度网络两种复杂网络拓扑关系网络为例，对不同社会网络上的演化博弈进行分析。

第四节 研究内容与结构安排

一 研究内容

本书旨在研究群体性突发事件的发展演化机理问题：首先，研究群体性突发事件的演化情景问题；其次，探讨群体性突发事件中不同社会群体的利益博弈策略问题；并研究分析不同社会网络的拓扑结构对群体性突发事件演化的影响问题；最后，研究不确定环境下群体性突发事件的随机演化博弈问题。

本书的核心内容主要分为四部分，这四部分研究内容之间的关系是：第一部分是研究群体性突发事件的演化过程，基于随机 Petri 网理论，分析造成群体性突发事件的主要原因，是由于不同社会群体的利益博弈加剧了社会矛盾激化进而引发冲突；为了分析不同社会群体的利益博弈问题，在第二部分基于演化博弈理论研究了未引入惩罚机制和引入惩罚机制下的群体博弈演化策略问题；由于不同社会结构下群体性突发事件演化是不同的，在第二部分研究基础上，第三部分基于复杂网络理论和演化博弈理论研究不同社会结构下的群体性事件演化问题；考虑到群体性突发事件发生的环境不确定性，在上述研究基础上，第四部分基于随机演化博弈研究不确定环境下群体性突发事件的演化策略问题，并提出相关政策建议，为政府应对群体性突发事件提供决策指导。

上述四部分核心主要研究内容如下：

（一）研究了群体性突发事件的演化情景问题

首先，采用了多案例分析方法提取群体性突发事件的属性，从事件类型、关键属性、从属属性、环境属性和危害评估属性五个属性维度对群体性突发事件进行了结构化描述。

其次，在此基础上，将群体性突发事件演化过程分为潜伏阶段、诱发阶段、发展阶段、高潮阶段和消亡阶段五个阶段，并分析群体性突发事件演化过程中的相关属性，利用基于模糊集和随机 Petri 网的建模分析方法，根据随机 Petri 网与马尔科夫链的同构关系，构建了群体性突发事件演化的随机 Petri 网模型和等价马尔科夫链模型。

最后，以"池州事件"为例，通过马尔科夫链及其相关数学方法对池州群体性突发事件不同演化状态进行了情景推演模拟，并分析其中的均衡状态及其变动规律，结果表明群体性突发事件是由于不同社会群体的利益博弈加剧了社会矛盾激化，当社会结构性压力超过社会承受阈值时，在导火索事件诱发下群体行为爆发的过程。

（二）研究了群体性突发事件中两类异质性群体的策略演化问题

为了分析不同社会群体的利益博弈问题，基于演化博弈理论研究了群体性突发事件中两类异质群体即强势群体与弱势群体策略选择的演化过程，建立了群体性突发事件的演化博弈模型，分析了弱势群体与强势群体行为策略的稳定性。本章研究了未引入惩罚机制和引入惩罚机制两种不同情景下的群体策略演化：

情景1：在未引入上级政府惩罚机制下，当强势群体采取强硬策略的成本与信誉损失成本超过其获得收益及对采取抗争策略的弱势群体惩罚成本之和，并且弱势群体通过抗争获得收益小于其采取抗争成本时，两个异质性群体将最终选择合作策略；当强势群体采取强硬策略的收益超过其行动成本、信誉损失与提供补偿成本之和，且弱势群体通过抗争获得收益超过其行动成本、获得补偿及支付惩罚成本时，两个异质性群体将选择强硬抗争策略；两群体策略演化速度与策略选择初始比例有直接关系，在初始状态选择策略比例相同情况下，弱势群体均比强势群体更快演化至均衡策略。

情景2：在引入上级政府惩罚机制下，当上级政府惩罚力度高于强势群体采取强硬策略获得的收益与其行动成本、信誉损失成本和对弱势群体补偿成本之差值，且同时高于弱势群体采取抗争策略获得收益与其行动成本差值时，两个异质性群体都将放弃强硬对抗策略，最终选择合作策略；随着施加的惩罚增大，对弱势群体策略演化不再显著，而对强势群体策略演化影响却显著增加。

（三）研究了不同社会网络结构下群体性突发事件的演化博弈模型

考虑到不同社会网络结构下群体性突发事件中群体策略选择的演化问题，基于复杂网络和演化博弈理论构建了群体性突发事件社会网络演化博弈模型，分析了不同社会网络的拓扑结构对个体策略选择与行为模式的影响。以弱势群体社会网络为例，研究了社会网络中节点之间的博弈策略演化过程，基于WS小世界网络、BA无标度网络两种复杂网络对弱势群体社会网络上的演化博弈进行了分析。最后，通过数值仿真对网络中个体博弈与群体结构的协同演化模型进行情景仿真模拟，研究结果表明：当网络中个体说服其邻居采取抗争策略获得额外收益大于其说服成本，且其邻居接受说服获得收益大于不接受说服获得收益条件下，随着 WS 小世界网络重连概率增大，即网络异质性越大，其演化至均衡策略时间越短；在 BA 无标度网络上，随着网络初始节点数和新节点连接边数的增大，网络聚类系数越大，其演化至均衡策略时间越长；异质网络中节点度大的个体，具有较大影响力，更容易说服带动周围个体接受其策略，易结成联盟采取抗争策略，形成"羊群效应"，造成更大危害；高度异构的 BA 无标度网络策略的演化时间明显小于 WS 小世界网络的演化，BA 无标度网络较 WS 小世界网络更容易引发群体性事件。

（四）研究了不确定环境下群体性突发事件的随机演化博弈模型

考虑到群体性事件发生环境的不确定性，基于随机演化博弈研究了不确定环境下的群体性突发事件演化问题。

首先，基于演化博弈理论研究了群体性突发事件中强势群体与弱势群体策略选择的演化过程，依据复制动态方程得到了两个群体的行为演化规律。

其次，考虑到群体性突发事件演化过程中的随机扰动，引入高斯白噪声来反映群体性突发事件演化过程中受到的随机干扰，建立了不确定环境下群体性突发事件的随机演化博弈模型，分析了弱势群体与强势群体行为策略的稳定性。

最后，运用随机泰勒（Taylor）展开理论和伊藤（Itô）随机微分方程对模型进行了求解，并对模型进行不同情景仿真模拟，研究结果表明：在不确定环境下，两类异质性群体受随机因素的干扰影响，当采取抗争策略成本较大时，随着白噪声强度减小，弱势群体会较快妥协，采取合作策略；当采取强硬策略获取额外收益较大时，随着白噪声强度增大，强势群体更倾向于采取强硬策略结合上述情景仿真结果提出了相应的对策建议，为科学应对群体性突发事件提供应急决策支撑。

二 章节安排

本书旨在通过研究群体性突发事件的发展演化机理问题，探讨导致群体性突发事件发生的原因，并进一步研究群体性突发事件中不同社会群体的利益博弈策略问题。在此基础上，研究不同社会网络的拓扑结构对群体性突发事件演化的影响问题。最后，分析不确定环境下群体性突发事件群体策略的随机干扰问题，为政府应对群体性突发事件提供科学的决策指导。本书研究框架如图 1－2 所示。

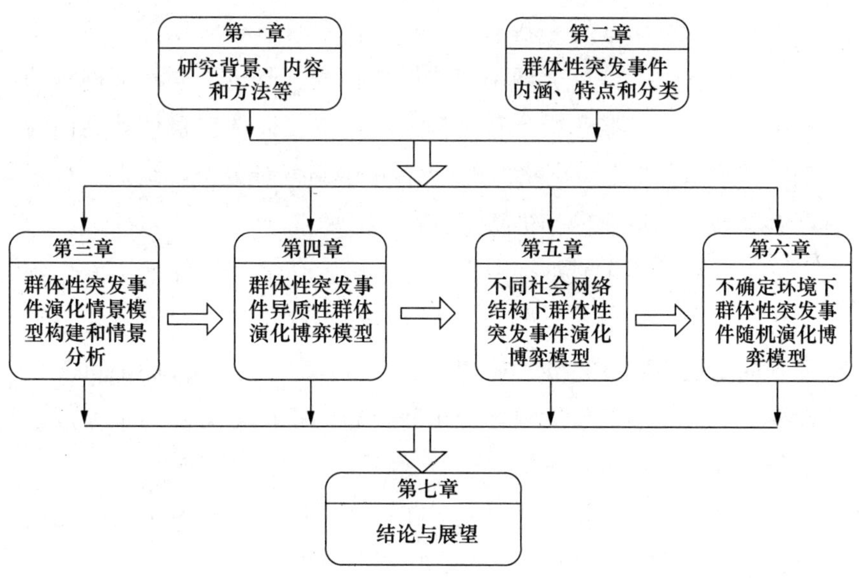

图 1－2 本书研究框架

本书共分为七章，各章主要内容简述如下：

第一章主要介绍本书群体性突发事件的研究背景及意义，综述国内外在群体性突发事件领域的研究成果，概括本书的研究内容和研究方法。

第二章介绍突发事件、群体性突发事件的相关概念、分类、特点等基础知识，并对典型群体性突发事件进行分析。

第三章结合典型群体性突发事件案例，在分析群体性突发事件演化过程中的属性基础上，基于随机 Petri 网理论，抽象出事件的演化过程。分析造成群体性突发事件的主要原因是不同社会群体的利益博弈加剧了社会矛盾激化进而引发冲突。

第四章在第三章研究基础上，为了分析不同社会群体的利益博弈问题，基于演化博弈理论研究了群体性突发事件中两类异质性群体即强势群体与弱势群体策略选择的演化过程，建立了群体性突发事件演化博弈模型，深入分析未引入上级政府惩罚机制和引入上级政府惩罚机制下的群体博弈策略问题。

第五章在第四章研究基础上，基于复杂网络和演化博弈理论构建了群体性突发事件社会网络演化博弈模型，分析不同社会网络的拓扑结构对个体策略选择与行为模式的影响。以弱势群体社会网络为例，基于 WS 小世界网络、BA 无标度网络两种复杂网络对弱势群体社会网络上的演化博弈进行了分析。

第六章在上述研究基础上，研究不确定环境下群体性突发事件的演化问题。通过引入高斯白噪声来反映群体性突发事件演化过程中受到的随机干扰，建立不确定环境下群体性突发事件的随机演化博弈模型。运用随机泰勒展开理论和伊藤随机微分方程对模型进行了求解，并对模型进行不同情景仿真模拟。

第七章总结本书的主要研究工作与研究结论，对本书的研究提出可以改进之处，为今后的研究工作指明方向。

第二章 群体性突发事件概述

本章主要对群体性突发事件进行概述。本章分为三节，第一节介绍突发事件的定义，并对突发事件的类型进行概述；第二节介绍群体性突发事件的相关概念、特点、分类等基础知识；第三节结合典型群体性突发事件的发生诱因、发展过程等进行说明；最后对本章的研究内容进行总结。

第一节 突发事件

“突发事件”的定义可以从广义和狭义两个层面来定义。广义的突发事件，是指在组织或个人原订计划之外突然发生的对其利益具有损失性或潜在危害性的一切事件。学术界研究的突发事件，通常指的是狭义的突发事件。狭义的突发事件可以理解为在某种必然因素的支配下出人意料地发生，最终给社会造成严重损失、危害或影响并且需要立即处理的负面事件。

值得注意的是，“突发事件”这一概念在不同的国家有不同的含义和分类。在国外学者的研究中，很难找到一个和中国特定情境下“突发事件”含义完全相同的翻译。通常我国学者习惯把突发事件翻译成紧急事件（Emergency Events），虽然两者都强调事件的突发性、不确定性以及需要响应主体快速反应的特点，但两者在内涵和外延上还是存在细微的差别。英文中的Emergency事件通常不像我国突发事件一样具有规模大、影响严重的特征。紧急事件强调了时间上的紧迫性，而突发事件侧重于发生时间的突然性。突发事件属于紧急事件，而紧急事件却不都是突发事件。在国外的研究中，类似的概念还有危机事件（Crisis Events）、灾难（Disaster）和风险（Risk），这些概念的含义都与我国突发事件的内涵有一定的重叠，强调了突发事件的不同侧面。

近年来，我国突发事件频发，对社会造成的不利影响引起广泛关注，为了预防和减少突发事件的发生，控制、减轻和消除突发事件引起的严重社会危害，规范突发事件应对活动，我国政府也颁布了相关法律法规。其中，2007 年 11 月颁布实施的《中华人民共和国突发事件应对法》将突发事件定义为：突然发生，造成或者可能造成严重社会危害，需要采取应急处置措施予以应对的自然灾害、事故灾难、公共卫生事件和社会安全事件。

从上述突发事件的定义可以看出，突发事件具有突发性、复杂性、破坏性、持续性等特征。第一，突发性是对能否发生、什么时间、地点、方式爆发、程度等都是始料未及，难以准确把握的。第二，复杂性往往是各种矛盾激化的结果，总是呈现出一果多因、相互关联、环环相扣的复杂状态。第三，破坏性是以人员伤亡、财产损失为标志，包括直接损害和间接损害，还体现在对社会心理和个人心理造成的破坏性冲击，进而渗透到社会生活的各个层面。第四，持续性体现在突发事件一旦爆发，总会持续一个过程，表现为潜伏期、爆发期、高潮期、缓解期和消退期。持续性表现为蔓延性和传导性一个突发事件经常导致另一个突发事件的发生。

突发事件的分类是应急管理的基础，根据其发生的范围、行业和领域，主要将突发事件划分为自然灾害、事故灾难、公共卫生事件、社会安全事件四大类。具体如下：

（1）自然灾害，主要包括水旱灾害、气象灾害、地震灾害、地质灾害、海洋灾害、生物灾害和森林草原火灾等。

（2）事故灾难，主要包括工矿商贸等企业的各类安全事故、交通运输事故、公共设施和设备事故、环境污染和生态破坏事件等。

（3）公共卫生事件，主要包括传染病疫情、群体性不明原因疾病、食品安全和职业危害、动物疫情，以及其他严重影响公众健康和生命安全的事件。

（4）社会安全事件，主要包括恐怖袭击事件、经济安全事件、涉外突发事件、群体性突发事件等。

本书研究的群体性突发事件就是典型的社会安全事件，该事件的频繁发生已经严重影响到社会和谐稳定和公共安全。

第二节　群体性突发事件

一　群体性突发事件内涵

群体性突发事件是在社会发展过程中由于各种社会矛盾不断积累导致群体暴力行为爆发的集群行为。虽然群体性突发事件在世界各国发生的类型和对社会产生的危害影响不同，但是，都有发生。国外研究学者通常将群体性突发事件称为集群行为、集体行动、社会运动、社会冲突，或以集会、游行、示威等活动来直接定义。

国外研究多从社会学和心理学等角度对集群行为进行了研究，帕克（Park，1921）从社会群体互动的角度对集群行为进行了定义，集群行为是指个人在受到社会群体的集体行为影响干扰下，发生失去理智的行为过程。勒邦（Le Bon，1946）认为，集体本身具有的三个因素会让个体对群体产生依赖感，这三个因素分别是：（1）易受感染性，在集体中个体很容易会受到其他个体的态度和行为影响，被动地接受和模仿其他个体，而此时个体的心智会处于较低的活动水平；（2）不可征服感，集体中人数众多由此产生的强大力量会让个体感知社会群体的能力；（3）传染性，集体中新的观念和思想会在个体间快速传播蔓延，对个体的思维产生新的影响。斯梅尔瑟（Smelser，1951）同时指出，集群行为包含有三个典型的特征：一是集群行为是通过某种区别于平常生活的共同信念对群体行为进行引导的，这种共同的信念有时并不是正面的，而是包含威胁、恐吓等消极负面的信念；二是集群行为的制度化程度非常低，是群体的一种不确定行为；三是参与集群行为的个人是相信依靠集群的运动可以重新建立新的社会行为或秩序。福姆和贝（Form and Bae，1988）从社会行为规范的角度将集体行为定义为个人在群体中发现了对其行为起到指导的规范认知，在该行为规范认知指导下群体的行为会形成统一的行动。这种行为规范是当群体中个体感受到了紧急情况，使其情绪异常激动，此时需要通过某种共同的方式来代替感情的扩散，这时就会导致行为规范的出现，该规范可以对个体应对紧急意外情景提供指导作用。即集群行为的发生是来自群体中个体的行为规范认知，通过共同的行为规范来指导行动。Kuklan（1988）指出，在危机状态下社会集群行为会表现出盲目的从众心理，即产生"羊群效应"，导致出现更严重的过激行为。另外，贝恩怀特和汤普金森（Bethwaite and Tompkinson，1996）基于实验博弈探讨了分配机制对社会弱势群体带来的影响，指出公平因素是弱势群体考虑分配机制的一个重要目标，由此会对弱势群体的心理及行为产生重要影响，也是导致弱势群体不理智集群行为涌现的一个重要方面。罗森索尔、博伊恩和康福特（Rosenthal，Boin and Comfort，2001）认为，群体性事件是对社会公众的集体行为规则和价值观念构成严重威胁的事件。

群体性突发事件是我国社会环境下特有的一个政治术语，最初出现在一些官方的文件中，但并没有给出明确的定义。在 20 世纪 50—70 年代，通常将群体性突发事件类似称为"群众闹事""聚众闹事"；80 年代广泛采用"群众性治安事件"这一术语；90 年代出现了"治安突发事件""治安紧急事件"等；直至 21 世纪初，该类事件被称为"群体性治安事件""群体性事件"和"群体性突发事件"。2000 年公安部颁布的《公安机关处置群体性治安事件规定》对群体性事件做出了较为正式的表述，它将群体性治安事件规定为"聚众共同实施的违反国家法律、法规、规章，扰乱社会秩序，危害公共安全，侵犯公民人身安全和公私财产安全的行为”（公安部，2000）。2004年，中共中央办公厅发布的《关于积极预防和妥善处置群体性事件的工作意见》对群体性事件则给出了新的定义，指出，群体性事件是“由人民内部矛盾引发的、群众认为自身权益受到侵害，通过非法聚集、围堵等方式，向有关机关或单位表达意愿、提出要求等事件及其酝酿、形成过程中的串联、聚集等活动”（魏新文、高峰，2007）。从上述两个政府的定义可以发现，较早的定义是强调事件的违法性、群体性、社会危害性等，而后来的定义则强调事件发生的诱因、表现方式以及事件的非法性。

在理论研究中，很多学者也尝试从不同角度对群体性突发事件进行定义：陈丽华（2002）将群体性突发事件定义为具有一定规模数量的人群，通过采取群体集会、示威、上访等形式，甚至采取暴力冲击政府部门、堵塞交通等影响正常生活秩序的方式来实现群体某种目的行为，它已经严重影响到社会生活的和谐稳定。徐寅峰（2004）将群体性突发事件定义为不可预测突然发生的，并且是由人为因素造成，对社会生活和秩序造成重大危害损失影响的事件，它具有紧迫性、复杂性、突发性等特性。陈月生（2005）基于舆情角度探讨了群体性突发事件的产生、应急和预警三大机制及其之间的关系，并研究了群体性突发事件演化过程中的舆情规律。杨英法和李文华（2006）将群体性突发事件定义为突然爆发的、由多人参与的、危害社会公共秩序和安全的社会事件。王战军（2006）认为，群体性突发事件是由具有相同或相似利益诉求、观念主张的社会群体，通过采取非法的方式或手段来表达其利益诉求等意愿，对社会的公共财产和生活秩序造成严重危害影响应及时被妥善处置的社会事件。

此外，一些学者从社会群体间的利益矛盾方面对群体性突发事件进行了定义，向德平和陈琦（2003）指出，随着社会转型的加速，导致社会结构和价值观念等发生了改变，激化了社会群体间的各种矛盾，造成了群体性突发事件的爆发。他将群体性突发事件定义为由于社会群体间的矛盾引起的，不被社会规范所约束，对社会生活和秩序造成恶劣影响的事件。孟庆英（2006）认为，群体性突发事件是发生在社会某个群体与另一个群体之间、某个群体与领导管理机构之间或者某个群体与企业事业部门之间的矛盾和冲突，并且是在短时间内就突然爆发的事件。赵守东（2007）指出，群体性突发事件是由于群体间矛盾不断积累，采取不受社会规范约束的行为，并对社会正常秩序造成干扰和影响的事件。杨连专（2008）认为，群体性突发事件是社会某个群体为了表达其利益诉求，通过采取静坐、集会、游行等非制度化方式对抗政府部门、企事业单位等机构，甚至采取暴力行为导致社会公共财产被破坏、社会秩序被扰乱、民众人身安全受到威胁的事件。于建嵘（2009）强调，群体性突发事件是具有一定规模数量的人群参与，通过采取不合法的方式对正常的社会生活秩序造成严重影响的事件。

在对上述关于群体性突发事件定义相关研究综述分析后，本书将群体性突发事件界定为：群体性突发事件是指一定数量规模的人群为了表达其诉求或情绪宣泄，在较短时间爆发的非制度化的行为，对社会秩序和生活造成严重危害影响的事件。本书研究的对象不包括有组织的恐怖袭击和其他犯罪活动。

二　群体性突发事件特点

近年来，我国因征地拆迁、环境污染、安全事故、劳工失业等引发的群体性突发事件频发，呈现出突发性、破坏性、群体性、参与主体多元性、演变复杂性等非常规特征。具体说明如下：

（一）突发性

突发性表现为群体性突发事件的发生时间、地点等无法事先预知，且前期征兆不明显。此类事件往往是由一起导火索事件引发，在短时间内就能形成大量的人群聚集，且消极情绪在聚集的人群中蔓延，极易出现对抗态势。因此，政府在预测预警此类事件时，无法提前对其发生的前兆进行预判，此类事件具有典型的突发性。

（二）破坏性

破坏性表现为：一方面群体性突发事件中的打砸抢等暴力行为对社会和人民群众的公共财产造成了严重的危害；另一方面体现在对社会生活产生长期的不良影响。目前群体性突发事件中内部矛盾的对抗性因素在逐步增强，行为的过激性也趋于激烈，导致破坏公共设施、冲击党政机关、堵塞公共交通、集体上访、辱骂打伤公安民警、暴力打砸等偏激行为的发生。同时，这种暴力行为会造成社会恐慌氛围，随着恐慌情绪的蔓延，对社会公共安全和稳定造成了严重的破坏。

（三）群体性

群体性表现为人群大规模的聚集，这突出地体现在具有共同利益诉求的人群迅速集合在一起，同时得到周围利益相关者的响应，使得群体规模越来越庞大。在群体性突发事件中，参与到事件中的人员往往是考虑到与自身密切相关的具体利益问题，极易受到群体情绪的感染，具有一定的盲从性。正是由于这种情绪感染和盲从性，导致人群能够在短时间内大量聚集，使事件具有典型的群体性特征。

（四）参与主体多元性

参与主体多元性表现为群体性突发事件中参与群体的多样性，突出地表现在参与者，包括失地农民、下岗职工、房屋被拆迁居民、农民工、环境污染受害者等弱势群体，甚至还包括大学生、教师、职工、出租车司机等。参与主体既有体制内的人员参与，也有体制外的人员参与，涉及社会各阶层人员。由此可以看出，随着社会转型的加速，群体性突发事件参与者已经呈现出了多元性。

（五）演变复杂性

演变复杂性表现为群体性突发事件往往是由多种矛盾纠结集合在一起，事件扩散蔓延速度快，处置难度很大。当前，群体性突发事件中，参与主体的多元性、矛盾的多样性等都会使事件的发展具有不可预测性，其演变规律具有模糊性和复杂性，所以，传统应对突发事件的处置措施已经完全不能适用。同时，群体性突发事件应急处置不当，会迅速扩大蔓延，甚至会引发连锁反应，导致更大范围的矛盾激化，导致演变过程更加复杂化。

三　群体性突发事件分类

对群体性突发事件进行分类是群体性突发事件研究和应急管理工作的基础，国外学者大多对社会的集体行动进行了分类研究，布鲁默（Blumer，1955）将社会集体抗争行动进行了分类研究，对其划分为三大类：一类是普通的社会运动，这类运动多指由青年、劳动工人、普通妇女等发起的旨在倡导一种新文化的和平运动，它代表了一种新的文化趋势；另一类是特殊的社会运动，它是由于一些社会群体对某些制度不满，通过表达其诉求采取社会运动改变不合理的制度，例如一些革命改造运动等；还有一类是表现的社会运动，这类集体运动是宣泄其内心的不安或压力，而不是去改变一种制度，但是，可能对社会秩序的一些特性产生深刻的影响。特纳和基利安（Turner and Killian，1957）进一步对社会集体行为进行了分类，他们将其分为有价值取向的社会集体运动、有参与取向的社会集体运动、有表现取向的社会集体运动、有革命取向的社会集体运动、有抵抗取向的社会集体运动、有控制取向的社会集体运动等类型。斯塔林斯和塞帕特（Stallings and Schepart，1987）依据社会危机事件中的参与者态度进行划分，将危机事件主要分成两大类：一类是一致性危机，它是指在面对危机时，参与者集体行为能保持一致应对危机；另一类是冲突性危机，它是指在危机发生时内部参与者之间具有冲突性，参与者的集体行为难以一致，而群体性突发事件则是冲突性的危机事件。

国内学者王战军（2006）认为，群体性突发事件是具有高度复杂性的社会现象，应从群体内部矛盾属性、事件发生根源、事件参与利益主体、事件表现形式和事件处置过程方案五个方面对其进行全面分类。王来华、陈月生（2006）从多个方面对群体性突发事件进行了分类研究：从群体性突发事件发生规模，可以划分为规模小型、规模较大型、规模大型和超大型；从事件发生的性质，可以划分为具有政治性、不具有政治性；从事件参与的利益主体，可以划分为企业职工、城镇普通居民、普通农村村民和个体劳动者等。于建嵘（2009）依据参与者的行动目的、行为特征、行为指向等指标，对我国当前群体性突发事件进行了归纳整理分析，将群体性突发事件分为维护权利型、发泄愤怒型、社会骚乱型、有组织犯罪型和社会纠纷型等类型。王赐江（2010）经过对比近几年发生的群体性突发事件案例，发现群体性突发事件的运行机制与目标指向有着密切的关系，基于目标指向对群体性突发事件进行分类，可以分为基于群体自身的利益表达型、基于群体不满的情绪宣泄型和基于群体价值权利追求型三大类。张明军和陈朋（2012）针对典型的群体性突发事件进行分析，将群体性突发事件划分为基于宣泄情绪的群体事件、基于诉求表达的群体事件、基于理念声张的群体事件和基于权利指向的群体事件四大类。

综合以上分类研究可以看出，当前群体性突发事件发生的种类众多，本书将群体性突发事件类型分为基于利益诉求、情绪宣泄、权利维护和矛盾纠纷四大类，这也是当前研究学者所重点关注的群体性突发事件类型。具体说明如下：

（1）基于利益诉求的群体性突发事件。这类事件起因主要是由于具体的经济利益受到了损害发生的，其诉求的目标非常明确，即维护自身受损的经济利益。这类事件具有较强的群体性和组织性，能短时间内聚集同样有共同利益诉求和相似处境的群体，形成较大规模的群体性突发事件。如 2006 年甘肃陇南事件，由起初的 30 个拆迁户上访发展到事件高潮阶段达到上访与围观人员 2000 多人，对社会秩序造成了极为严重的破坏。

（2）基于情绪宣泄的群体性突发事件。这类事件主要是因为偶然事件引起，参与群众与该导火索事件没有直接的利益关系，甚至与该事件当事人没有直接的亲属关系。这类事件多是由于围观群众对事件当事人的同情和对政府部门或公安部门处置方式的不满，更深层次的原因是社会转型期产生的各种矛盾积累的一种不良情绪宣泄，其群体行为表现较为极端，极易发生群体暴力现象。

（3）基于权利维护的群体性突发事件。这类事件起因是为了维护某些权利尤其是政治权利，具有行动主动性。目前表现形式主要是以农民维护村民自治权的形式表现出来。这类事件的参与者既不是为了维护自身受损的经济利益，也不是不满情绪的宣泄，而是为了追求某种理念。随着人们权利意识的觉醒，基于权利维护的群体性突发事件数量也呈现出日益增多的趋势。

（4）基于矛盾纠纷的群体性突发事件。这类事件主要是由于事件涉及的参与主体间矛盾纠纷引发的群体性事件，突出地表现在劳资纠纷、医患矛盾、环境污染、城镇建设等引发的冲突事件。例如，2007 年厦门 PX 事件、2011 年大连 PX 事件、2013 年广州伊丽莎白妇产医院事件等，凸显出矛盾纠纷引发的群体性突发事件正在逐步增多。

第三节　典型群体性突发事件

一　2005 年安徽池州"6·26"群体性突发事件

（一）导火索事件

2005 年 6 月 26 日，安徽池州发生一起严重群体性突发事件，该事件是由汽车撞人纠纷事件引起，一些不明真相的群众在少数不法分子的鼓动下，冲进派出所，烧、砸车辆，殴打民警，哄抢超市。

（二）事件经过

2005 年 6 月 26 日下午 14 时 40 分，池州城区翠柏路菜市场门口，一辆丰田车将行人刘亮擦伤，双方发生争执，刘亮被殴打致伤。围观市民颇为不满，向池州"110"报警。接警后，九华路派出所立即派人前往，将刘亮送往医院急诊室救治，将肇事者带到派出所接受调查。

据现场目击者称，肇事者被带到派出所后，部分围观群众跟随到派出所进行对峙，并越聚越多。闻讯赶来的市领导出面与市民对话，但效果不佳。

18 时左右，有群众开始推、砸肇事车辆，将车辆砸得面目全非后又掀翻。18 时 50 分，现场围观群众逾万人，有人点燃轿车，并乱扔鞭炮，引起骚动。19 时，有人又将派出所前一辆警车推到派出所门口，一边点燃车辆，一边燃放鞭炮，顿时浓烟四起，现场极度混乱。指挥部派出了武警，但围观群众太多，场面无法控制。19 时 05 分，有人开始袭击现场武警，6 名武警被石块砸伤。赶来灭火的消防车，被抢后推离现场十余米。

19 时 25 分，派出所电源被切断，不法分子向室内扔放鞭炮，实行打砸并纵火。

19 时 40 分，停放在路边的一辆宣传车和一辆警车同时被点燃。

20 时 03 分，不法分子开始围攻附近的东华东超市，他们破门而入进行哄抢。3 个多小时以后，超市被洗劫一空。

“6 · 26”严重群体性暴力事件引起省市领导的高度关注，市长谢德新等市领导紧急磋商，形成方案：加大宣传攻势，疏散不明真相的群众；鉴于池州警力严重不足，请示省公安厅调集警力紧急增援；部署调查取证工作等。

21 时许，副省长、市委书记何闽旭赶到池州传达王金山省长特别指示：要尽快疏散人群，严防不法分子继续作案，同时做好调查取证工作，严厉打击不法分子。

23 时，省公安厅厅长崔亚东赶到指挥部，指示果断采取措施，控制局面。23 时 40 分，700 多名警力冒雨开赴现场，局面迅速得到控制。几名涉案人员被公安部门当即抓获，事件逐渐平息。

（三）事件原因分析

池州事件是以汽车撞人纠纷为导火索事件，主要是由于当地政府未能及时进行信息沟通和应对处理，导致各种谣言在群众中传播，致使不明真相的群众参与到聚集队伍，借机宣泄不满。其深层次原因是随着社会利益长期博弈中存在的贫富差距拉大等矛盾冲突加剧，以及群众自身素质和意识的薄弱，一些不法分子趁机煽动策划，导致群众不良情绪爆发，使原本的围观事件最终激化为打砸抢的严重危害社会安全事件。

二　2006 年甘肃陇南“11·27”群体性突发事件

（一）导火索事件

2006 年 11 月 27 日，甘肃陇南爆发严重群体性突发事件，是由陇南行政中心搬迁问题而引发的一起严重扰乱社会秩序的群体性事件。据统计，有 69 名武警、2 名民警和 3 名记者被打伤，其中 11 人住院治疗；砸、烧房屋 110 间、车辆 22 辆，造成了严重的损失和危害。

（二）事件经过

陇南市自 2006 年起，就在武都区进行大规模的城市建设，以期将陇南市打造成甘肃、陕西、四川三省交界地带的区域中心城市，为此进行了大量的征地和拆迁。大量群众面临失地拆迁，比如仅在城郊的东江镇就有 3500 多拆迁户。陇南市人均耕地相对较少，土地被征用后，拆迁户寄希望于依托城市经济发展和兰渝铁路的开通，做一些小生意来维持生计。

然而，2008 年 3 月，当地出现陇南市政府要搬迁到成县的传言，一旦行政中心搬迁，武都区的发展前景将会很不乐观，人们担心未来的生活失去保障。为此，大量拆迁户两次到市委上访，陇南市委、市政府及时通过电视等媒体澄清不会搬迁。然而，9 月以后，关于搬迁的传言再起，拆迁户们开始陆续到市政府询问情况，但一直没有得到政府的正面回答。其间，开始有不明身份的人到处散发《告武都人民书》，呼吁“武都人要团结起来，采取各种可能的方式抵制搬迁”。

11 月 17 日 9 时 30 分，陇南市武都区东江镇 30 多名拆迁户一起到位陇南市委上访，要求市委对陇南市行政中心搬迁后可能给他们带来的住房、土地以及日后生活方面的问题进行答复。一名上访者说："我们就是想让王书记出来说个话，政府要搬走到底是真是假？假的就辟谣，真的呢就给我们说说为啥走，走了以后老百姓咋办。"陇南市委书记王义安排了4名市委常委和信访、公安等相关部门的工作人员与武都区的工作人员一起负责接访。

然而，从11时许开始，上访群众不减反增，人群越聚越多。到下午15时，上访人数增加到200多人，围观群众超过1000人。上访户们打着"反对搬迁"的横幅，喊着"反对搬迁"的口号，围堵市委大门。陇南市委书记王义安排由上访群众选出代表，他将出面接待上访群众代表。但上访群众拒绝选代表进行谈判，他们表示人人都是代表，应该一起同市委书记见面。群众说，他们担心选出的代表会被抓。直到下午19时，上访群众仍在市委门外聚集，要求市委市政府给出一个满意的答复。其间，负责接访的领导一直同上访群众接触，宣讲有关法律法规，劝解上访群众通过正常渠道依法反映诉求，解决问题。然而，群众说："我们到市委来上访，就是想见市委主要领导，听听市委对行政中心搬迁是什么样的考虑，对我们将来的生活保障有些什么样的准备，不是来听《信访条例》是怎么规定的。"

此时，"搬迁是因为成县许诺一旦搬迁，给科级干部配车配房"，"一位领导儿子在成县买了上千亩土地"，"成县已经有很多板房作为政府的临时办公地点"的小道消息开始在群众中传播。19时30分，400多名上访群众突破了维持秩序民警的拦阻，强行进入市委大院。在市委院中与民警对峙一段时间后，这些民众进入市委后院主办公楼前。20时，陇南市委调集武警和民警到市委后院主办公楼前维持秩序，在对峙过程中部分群众高喊着"反对搬迁"的口号，多次冲击维持秩序的武警和民警。22时，武警和民警采取措施将上访人员驱出市委大门，然而上访群众仍然在市委门口围堵。

到17日24时，上访人员和围观群众已达2000多人。此时，部分闹事者开始向门口维持秩序的武警投掷砖块、酒瓶，点燃鞭炮扔到武警当中，砸坏武警的盾牌、头盔，烧坏了武警的服装。18 日 0 时 30 分，部分闹事者再度冲进市委大门，冲上市委前院三层办公楼，砸毁 1—3 层 6 个部门的所有办公设施、门窗玻璃，并抢劫办公室内财物。随后冲进前院，砸毁了停放在中院的 11 辆公务用车，又继续冲击中院的三层办公楼，砸毁楼上的门窗玻璃、办公设施。随后，闹事者又冲进后院，砸毁了 1 辆汽车。

为了防止主办公楼被冲击，18 日凌晨，现场维持秩序的武警和民警抓捕了 30 多名打砸抢分子，将闹事者驱散到前院。然而闹事者又将在前院停放的摩托车、汽车和砸坏的办公用品点燃，将前来救火的 1 辆消防车强行抢夺开进大院并砸坏。

18 日 10 时 30 分，约有 1000 名闹事者冲进市委后院，手持铁锨、棍棒、砖头、石块等攻击武警和民警，并砸毁 3 辆公务用车。为防止事态扩大，民警开始抓捕带头闹事的不法分子，武警则将其余人员驱逐出市委后院。随后，闹事人员又冲进市委前院和后院，纵火焚烧两栋办公楼和凌晨被砸毁的 12 辆汽车。与此同时，闹事人员将停放在城区长江大道的 7 辆警车砸毁并焚烧。从 18 日下午 14 点 30 分左右开始，武警和公安干警对陇南市委门前大街的约 500 米路段实施封锁，但在这条街道的东西两个主要路口及附近街巷，仍有群众分散聚集，双方仍在部分路口对峙。数百名手持盾牌的武警、持木棍的武警和公安干警组成了三道防线；聚集者也分成了几部分，有数百名年轻人在最前面向武警投掷砖头和石块，有一部分十四五岁学生模样的人和妇女则从附近工地上搬运砖头。现场的聚集者打着"誓死捍卫我们的权利，坚决反对市府搬迁"的横幅。

市委大门外的新市街上到处都是闹事者扔的石头、砖块，市委大院地上也散布着砖块、石头和各种文件资料，被砸烧的两栋办公楼大部分窗户上的玻璃已经不见。在中院，被砸毁和焚烧汽车已经面目全非，散发着刺鼻的味道；后院两辆被掀翻的汽车仍放在当院，地上也遍布各种文件。

事件发生后的 17 日 17 时 40 分，陇南市委将群众上访情况以内部明电形式向甘肃省委进行了汇报。甘肃省委书记陆浩、省长徐守盛迅速做出批示。18日凌晨，甘肃省委常委、省委政法委书记罗笑虎带领省委、省政府工作组，从兰州紧急赶往陇南武都。在听取了有关汇报后，就迅速控制和平息事态作了指示，并随即投入到一线指挥。19日，甘肃省省长徐守盛从兰州赶赴武都，随行的有财政、发改、信访、建设等多个部门的厅局负责人。从20日开始，徐守盛亲自同拆迁户农民代表座谈，并要求农民代表实事求是、放开讲；同时，徐守盛还同陇南市老干部、东江新区开发商座谈。徐守盛在同拆迁户座谈时表示，拆迁老百姓的生活要保障和行政中心搬迁不搬迁是两个问题。徐守盛说，不论搬与不搬，关键是要发展。即使行政中心要搬迁，武都区也还是要发展。徐守盛务实的作风和诚恳的态度获得了拆迁户等的认同，在座谈过程中，数次响起掌声。20日下午，陇南市向全市公布了甘肃省委、省政府工作组接访的方式，当地群众有信访需求可以通过公布的联系方式进行反映，使群众的诉求能够得到更好的反映，进而事态逐渐平息。

（三）事件原因分析

陇南事件诱因是陇南行政中心搬迁问题，辅助因素主要是谣言传播和情绪行为感染，在得不到政府正面回应时人群中出现了对政府搬迁原因的各种猜测，各种不实信息也应运而生，在情绪激动的群众中传播，形成对群体心理进一步刺激。围观群众起初是看热闹心理，一部分人由于曾有相似利益受损、诉求难以实现的经历，受到情绪感染从而参与行动，属于情绪宣泄心理，不法分子则出于情绪宣泄、借机牟利的动机采取行动，导致人群开始冲击政府大门。在带头者的作用下，群众不断为闹事者过激行为喝彩，情绪行为感染引发集体暴力行为，最终演化成一起严重的群体性突发事件。

三 2008年贵州瓮安“6·28”群体性突发事件

（一）导火索事件

2008年6月28日，瓮安事件发端于瓮安县一名女学生溺水死亡，瓮安县公安局对女学生的死因做出鉴定，但死者家属对鉴定结论不满，聚集到县政府，此后矛盾激化，政府部门被围攻，县公安局、县委、县政府大楼均不同程度被烧，另有数十辆汽车被烧。

（二）事件经过

2008 年 6 月 22 日 0 时 10 分，贵州省瓮安县初二女生李树芬（汉族，1991 年生，瓮安县人，瓮安县三中学生，租住在城关雍阳镇）与同班同学汪某（化名，女，1991 年生，与李树芬一同租住在城关雍阳镇）、男友陈某以及陈的朋友刘某等人在县西门河边大堰桥处玩时，趁人不备，跳入河中。当时在场 3 人遂开展施救未果，即报警。22 日 0 时 27 分，瓮安县公安局“110”指挥中心接警后，迅速指令县公安局雍阳镇派出所和县消防大队出警。0 时 40 分，派出所民警和县消防队官兵赶到现场一边了解情况，一边开展施救，由于天黑、水深、缺乏救援工具，施救未果。凌晨 3 时许，出警人员认为，已无生还的可能，待天亮再说。在既未见人又未见尸的情况下，撤离了现场。凌晨 4 时许，死者亲属将尸体打捞上来，其父亲到派出所报称：尸体已打捞上岸，要求派出所出警。同时对李树芬死因提出疑问，要求进行尸检，并认为，刘等三人有重大嫌疑，不能放了他们。

6 月 22 日上午，镇派出所将此事移交县公安局刑警大队，刑警大队开展了调查工作。当天 18 时 50 分，由瓮安县公安局副主任法医主持，在停尸现场（大堰桥）对李树芬进行尸表检验。死者父亲和死者干爹等亲属在场见证。尸检初步结论为：“溺水死亡。”公安机关就是否进行尸体解剖征求了死者父亲以及干爹等人的意见。二人当场均表示不需解剖，并在尸检记录上签署了“不要求解剖尸体”的意见。之后瓮安县成立了一个专门工作组负责调查处理此事。

6 月 24 日，瓮安县公安局根据调查走访情况和尸检结论，认为李树芬死亡不构成刑事案件，决定不予立案。随后县工作组召开了第二次协调会。会上，正式向死者亲属下达了《鉴定结论通知书》《尸体处理通知书》等（要求 6 月 24 日 17 时前掩埋尸体，否则依法处置)。但死者亲属不接受此意见，认为公安局调查不负责任、处理不公等，并提出了要进行尸体解剖的要求。

6月25日，州公安局指派法医在死者亲属的见证下，对尸体进行了解剖，结论是溺水死亡，排除了他杀。6月26日，工作组将结论告知了死者亲属。但李树芬亲属拒不接受县工作组的调查处理意见，仍停尸不埋。

6月28日16时许，死者亲属及几十名不明真相的群众、中小学生打着横幅，以为死者“申冤”、向政府讨说法为由，在县城游行，引来许多群众围观跟随，游行队伍规模不断扩大，很快聚集到数千人。他们先到县政府，又到县公安局，围观人员万余人。少数不法人员造谣警察打学生，煽动一些不明真相的群众、中小学生冲入县公安局，现场混乱，局势失控。一些不法之徒趁机先后冲进县公安局、县政府、县委等办公楼进行打、砸、抢、烧。他们持刀、斧、棍、石块等凶器殴打、追砍公安民警、消防队员、武警官兵及党政干部，公然放火烧毁车辆、办公楼，破坏消防设施，阻止消防队员救火，抢劫公共财物等，整个事件持续近10个小时，造成县委办公楼（50年代建造，砖木结构）被烧毁，县政府、县公安局多间办公室被烧，多台交通工具被烧毁、砸坏，200多名公安民警、武警、消防官兵不同程度受伤的严重后果，影响十分恶劣。

6月28日21时20分，时任省长林树森同志作出重要批示：动员镇、村基层干部到现场做群众工作，千方百计先让围观群众疏散。请州、县党委、政府高度重视这一事件，认真分析原因，依法查处打、砸、烧的幕后策划者。

6月28日22时30分，省委副书记王富玉同志到厅指挥中心，指示相关人员紧急赶赴瓮安。29日凌晨1时许，组织警力驱散现场聚集人员，当场抓获正在进行打、砸、抢、烧等违法犯罪嫌疑人14人，迅速控制了局面，恢复了秩序。

（三）事件原因分析

贵州瓮安事件诱因事件是当地女学生溺水死亡，主要是由于公安局未能及时公布事实真相，导致各种版本谣言在群众中传播，致使不明真相的群众参与到聚集队伍，借机宣泄不满。其深层次原因是拆迁纠纷、移民纠纷、矿群纠纷等社会利益博弈使矛盾问题突出，使群众对政府的不满加剧，加上一部分别有用心人的鼓动，使群体消极情绪爆发，行为失去理性，最终发生打、砸、抢、烧等严重扰乱社会秩序的群体性突发事件。

本章小结

本章主要对群体性突发事件的内涵、特点及分类等基础内容进行了概述。首先，对突发事件的定义进行了界定，指出我国目前突发事件的分类，包括自然灾害、事故灾难、公共卫生事件、社会安全事件等，本书研究的群体性突发事件则属于社会安全事件。其次，对国内外群体性突发事件的定义进行了概述，界定了本书中群体性突发事件的内涵，提出群体性突发事件具有突发性、破坏性、群体性、参与主体多元性、演变复杂性等非常规特征，并对我国群体性突发事件类型进行了分类。最后，结合 2005 年安徽池州事件、2006 年甘肃陇南事件、2008 年贵州瓮安事件等典型群体性突发事件，从导火索事件、事件经过和事件原因分析三个方面进行了说明，为下文分析群体性突发事件的演化过程提供了理论基础。

第三章 群体性突发事件演化情景分析

本章主要研究群体性突发事件的演化情景问题。本章首先从属性维度对群体性突发事件演化过程进行了结构化描述，在属性提取基础上基于随机 Petri 网对群体性突发事件演化过程进行了模型构建，并基于情景推演仿真模拟，分析群体性突发事件演化过程并得到了本书的研究结论，最后对本章的研究工作和研究结论进行总结。

第一节 群体性突发事件及其演化过程结构化描述

对突发事件进行清晰的定义是研究与其相关的各种问题的基础。突发事件是一个多属性的集合，对其进行定量研究时，单指标描述方式难以实现。借鉴李勇建等（2013）提出的结构化思想，通过多案例分析提取事件的内、外部属性，采用集合论来实现突发事件的结构化描述。本书将以重大传染病疫情事件来具体说明结构化描述的应用（李勇建等，2014）。

首先，收集了包括 1988 年上海甲肝、2003 年“SARS”事件、2004 年“禽流感”事件、2009 年甲型 H1N1 事件和手足口病事件、2010 年红眼病事件等重大传染病疫情案例，并对案例进行了梳理。然后，这里以 2003 年“SARS”事件、2009 年甲型 H1N1 流感事件为例，按照事件介绍、事件梳理和应用此结构化描述方法对其进行描述的思路进行实例验证，并得出重大传染病疫情的一般结构化描述框架。

1. 2003 年“SARS”事件

（1）事件介绍：“SARS”疫情事件最早是在 2002 年广东暴发，并扩散至东南亚乃至全球，直到 2003 年中期疫情才被逐渐消灭的一场全球性传染病疫潮（世界卫生组织，2003）。

（2）事件梳理：“SARS”事件是一场历时逾半年的渐变型事件，其性质和等级主要受传染源、传染性、传播途径、致死率影响，并在一定程度上受易感人群的群体性质左右。就外部环境属性来说，信息披露度、人口流动性、防治措施等都会对事件是否继续升级产生影响，疫情重灾区人口密度、疫情事件影响范围等则作为由此事件造成的损失的评估指标。

（3）事件结构化描述：2003 年“SARS”事件 = ｛｛渐变型｝，｛SARS 病毒感染者，传染性极强，密切接触传染（近距离空气传播），致死率高达 9.30%｝，｛易感人群为患者接触者（如医护人员、患者亲戚家人）｝，｛信息披露度较差，人口流动性极强（尤其春运假期期间），防治措施为消毒、佩戴防护用具及疫苗研发接种，天气由冷转热会加速病毒传播｝，｛影响范围波及全球，重疫区人口密度大｝｝。

2. 2009 年甲型 H1N1 事件

（1）事件介绍：甲型 H1N1 流感是一种新型的流感病毒传染病，具有较高的传染性，人群对甲型 H1N1 流感病毒普遍易感染。2009 年 3 月，墨西哥暴发“人感染猪流感”疫情，随后在全球范围内大规模流行蔓延，大量人员在感染之后死亡。直至 2010 年 8 月，世界卫生组织宣布甲型 H1N1 流感大流行期已经结束（Ginsberg et al.，2009）。

（2）事件梳理：甲型 H1N1 事件是一场长达一年半之久的渐变型事件，其性质和等级主要受传染源、传染性、传播途径、致死率影响，人群普遍易感。就外部属性来说，信息披露度、人口流动性、防治措施等影响着疫情的扩散程度，而疫情事件影响范围、重疫区人口密度则作为由此事件造成的损失的评估指标。

（3）事件结构化描述：2009 年甲型 H1N1 事件 = ｛｛渐变型｝，｛甲型 H1N1 病毒感染者（传染源），传染性极强，密切接触传染（主要通过飞沫经呼吸道传播），致死率达 6.77%｝，｛易感人群为患者接触者（如患者家人、医护人员）｝，｛信息披露度较差，人口流动性极强（尤其节假日），防治措施为消毒佩戴防护用具以及疫苗研发接种，在冬春季节发病较高｝，｛影响范围波及全球，重疫区人口密度大｝｝。

通过对以上案例进行分析和梳理，由此可以得到重大传染病一般结构化描述：重大传染病疫情事件 = ｛｛渐变型｝，｛传染源，传染性，传播途径，致死率｝，｛易感人群｝，｛信息披露度，人口流动性，防治措施，天气｝，｛影响范围，人口密度｝｝。一旦重大传染病疫情暴发后会按照某种路径进行扩散：城市内由潜伏期患者转化为发病的患者成为系统内的疫情扩散动力，而外地输入的潜伏期病人与外地输入的发病病人成为系统外的扩散动力。由于人员的频繁流动，会导致更多的居民患病，引起疫情的快速扩散，如果不及时隔离治疗，就会造成大量的居民死亡，进而会产生不明真相的谣言传播，引起大众心理恐慌，发生相关药品物资抢购等危害社会公共秩序和安全的事件，而此时政府必须采取及时的措施进行干预控制。图 3－1 给出了重大传染病疫情传播演化过程。

上述这一结构化框架在对重大传染病疫情事件演化过程实现准确描述的同时，还能够通过分析关联事件（例如疫情事件与疫情衍生事件）的相关属性来研究事件的演化。接下来将结合结构化描述框架对群体性突发事件演化情景问题进行分析。

基于结构化描述框架，收集了包括 2005 年池州事件、2006 年瑞安事件、2007 年大竹事件、2008 年瓮安事件等重大群体性突发事件案例，并对案例进行了梳理。这里以 2005 年池州事件、2008 年瓮安为例，按照事件介绍、事件梳理和应用此结构化描述方法对其进行描述的思路进行实例验证，并得出群体性突发事件的一般结构化描述框架。

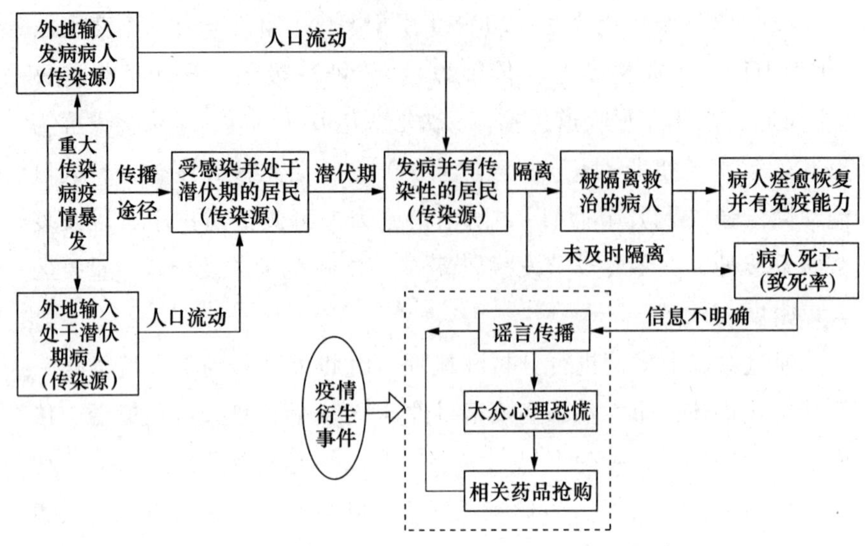

图 3－1　重大传染病疫情传播演化过程系统①

3. 2005 年池州事件

（1）事件介绍：2005 年 6 月 26 日，是由汽车撞人纠纷事件引起，一些不明真相的群众在少数不法分子的鼓动下，冲进派出所，烧、砸车辆，殴打民警，哄抢超市。

（2）事件梳理：池州事件是以汽车撞人纠纷为导火索事件，主要由于当地政府未能及时进行信息沟通和应对处理，导致各种谣言在群众中传播，致使不明真相的群众参与到聚集队伍，借机宣泄不满。其深层次原因是随着社会利益长期博弈中存在的贫富差距拉大、执法不公等矛盾冲突加剧，以及群众自身素质和意识的薄弱，一些不法分子趁机煽动策划，导致群众不良情绪爆发，使原本的围观事件最终激化为打、砸、抢的严重危害社会安全事件（胡渊，2009）。

（3）事件结构化描述：2005 年池州事件 = ｛｛渐变型｝，｛社会

① 李勇建、王循庆、乔晓娇：《基于广义随机 Petri 网的重大传染病传播演化模型研究》，《中国管理科学》2014 年第 3 期。

群体利益（强势群体与弱势群体之间利益博弈），社会群体矛盾（贫富差距、执法不公），社会群体心理（需求未被满足）}，{群体组织结构（直接利益相关者、情绪感染者、不法分子），群体组织动机（利益诉求、宣泄不满、借机泄愤），群体情绪（消极情绪激化），政府干预能力（辟谣应对措施迟缓），谣言传闻（大范围传播），组织策划（不法分子煽动策划）}，{诉求渠道（不畅通），社会控制（措施不到位）}，{警车被砸，警员被打，超市被抢，扰乱社会秩序}}。

4. 2008 年瓮安事件

（1）事件介绍：2008 年 6 月 28 日，瓮安事件发端于瓮安县一名女学生溺水死亡，瓮安县公安局对女学生的死因做出鉴定，但死者家属对鉴定结论不满，聚集到县政府，此后矛盾激化，政府部门被围攻，县公安局、县委、县政府大楼均不同程度被烧，另有数十辆汽车被烧。

（2）事件梳理：瓮安事件诱因事件是当地女学生溺水死亡，主要由于公安局未能及时公布事实真相，导致各种版本谣言在群众中传播，致使不明真相的群众参与到聚集队伍，借机宣泄不满。其深层次原因是拆迁纠纷、移民纠纷、矿群纠纷等社会利益博弈使矛盾问题突出，使群众对政府的不满加剧，加上一部分别有用心人的鼓动，使群体消极情绪爆发，行为失去理性，最终发生打、砸、抢、烧等严重扰乱社会秩序的群体性突发事件（赵鹏等，2008）。

（3）事件结构化描述：2008 年瓮安事件 = {{渐变型}，{社会群体利益（强势群体与弱势群体之间利益博弈，弱势群体利益被侵犯），社会群体矛盾（拆迁纠纷、移民纠纷、矿群纠纷），社会群体心理（需求未被满足）}，{群体组织结构（直接利益相关者、情绪感染者、不法分子），群体组织动机（利益诉求、宣泄不满、借机泄愤），群体情绪（消极情绪感染），政府干预能力（应急反应薄弱），谣言传闻（大范围蔓延），组织策划（不法分子煽动策划）}，{诉求渠道（不畅通），社会控制（措施不到位）}，{汽车被烧，政府设施遭损坏，扰乱社会秩序}}。

通过对以上案例梳理和分析，可得到重大群体性突发事件一般结构化描述：群体性突发事件 = {{渐变型}，{社会群体利益博弈，社会群体矛盾加剧，社会群体心理失衡}，{群体组织结构，群体组织动机，群体情绪，政府干预能力，谣言传闻，组织策划}，{诉求渠道，社会控制}，{人员伤亡，财产损失，社会秩序破坏，危害公共安全}}。结合特纳（1976，1992）提出的灾害演化生命周期模型以及上述群体性突发事件结构化描述，本书将群体性突发事件演化过程分为潜伏阶段、诱发阶段、发展阶段、高潮阶段和消亡阶段。由此可以得到群体性突发事件演化过程系统图，如图 3－2 所示。

第二节 群体性突发事件演化模型构建

一 演化模型构建方法

通过以上关于群体性突发事件的结构化分析，可以发现群体性突发事件演化过程是一个非常复杂的系统，而 Petri 网正是一种非常适合复杂系统仿真建模与分析的图形化工具，它综合了数据流、控制流与状态变迁，对系统的演化过程及性能分析具有很大的优势（Youness，El－KilaniandEl－Wahed，2008）。因此，本书运用随机 Petri 网来研究群体性突发事件演化系统，可以对群体性突发事件演化系统的变化过程及其当前所处的状态进行清晰的模拟，并且可以为系统的评估和改进提出建议。

Petri 网是 1962 年由 Petri 博士最早提出来的，它能够通过托肯（Token）的流动模拟系统的状态变化和动态行为（Petri，1962）。把 Petri 网中的每一个变迁相关联一个实施速率，就得到随机 Petri 网模型（Stochastic Petri Net，SPN）。在连续时间随机 Petri 网中，从一个变迁 t 变成可实施的时刻到它实施的时刻之间被看作一个连续随机变量 X_i（$X_i>0$），且服从于一个指数分布函数（Molloy，1982）。

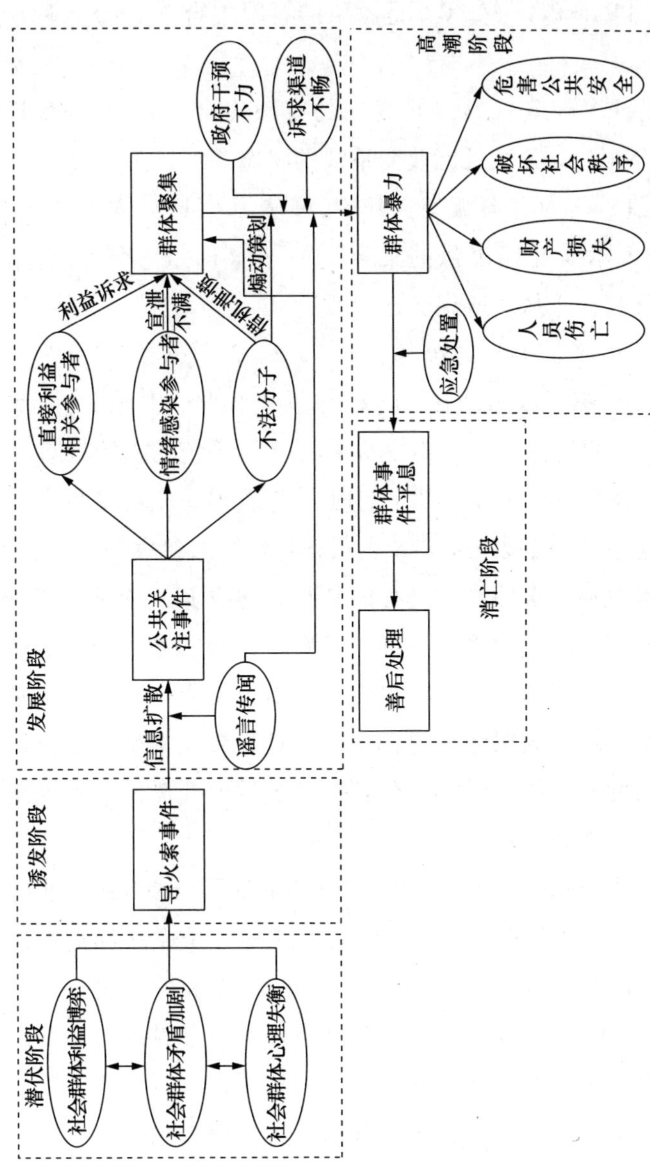

图 3-2 群体性突发事件演化过程系统

随机 Petri 网通常定义为 6 个元素描述的有向图：

$PN=(P, T, F, W, M, \lambda)$，其中：

（1）$P=\{P_1, P_2, \cdots, P_n\}$ 是库所的有限集合，$n>0$ 为库所的个数。

（2）$T=\{t_1, t_2, \cdots, t_m\}$ 是变迁的有限集合，$m>0$ 为变迁的个数，满足 $P\cap T=\varphi$，变迁能改变系统的状态。

（3）$F\subseteq I\cup O$ 为有向弧集，其中，I 表示变迁输入弧的集合，$I\subseteq P\times T$；O 表示变迁输出弧的集合，$O\subseteq T\times P$；F 中允许有禁止弧，禁止弧仅存在于从库所到变迁的弧。

（4）$W: F\rightarrow N^+$ 为弧函数，$N^+=\{1, 2, 3, \cdots\}$。

（5）$M: P\rightarrow N$ 为 Petri 网的标识，它为一向量，其第 i 个元素表示第 i 个库所中的托肯数目，M_0 为初标识表示系统的初始状态。

（6）$\lambda=\{\lambda_1, \lambda_2, \cdots, \lambda_m\}$ 是与时间变迁相关联的平均点火速率，时间变迁服从负指数分布，λ 表示分布函数的参数。

根据群体性突发事件演化过程的特点，建立其相应的基于 SPN 的群体性突发事件演化模型。在群体突发事件过程中，变迁的激发率通常根据历史的统计数据分析得出，得出的结果往往是一个精确的数值，但是，统计数据无法包含一些信息，激发率事实上应该是某一区间变动的模糊值。因此，本书在 SPN 的变迁激发中引入模糊集，具体建模步骤如下：

第一步：根据图 3-2 建立 SPN 模型，并将时延与相应的变迁关联。

第二步：产生可达图 R(m)。把图中的每一条弧线都给定该弧线所对应的变迁的激发率，从而构造同构马尔科夫链（Markov Chain，MC）计算可达图，并确定模型是活性和有界的，将模型中的每条弧线都给定所对应变迁的激发率，从而得到马尔科夫链。将所有标识或状态记为 $m_1, m_2, \cdots, m_n$，n 为标始总数。

第三步：分析马尔科夫链。在与 SPN 同构的马尔科夫链中，其中将所有标始集记为 $[M_0>$，则 $[M_0>$ 有 n 个元素，马尔科夫链有 n 个状态。

定义一个 n×n 阶的转移矩阵 Q＝［q_{ij}］，i≥1，j≤n。

（1）当 i≠j 时，

$$if\ \exists\, t_k \in T:\ M_i[t_k > M_j]，那么$$
$$q_{ij} = \mathrm{d}(1 - e^{-\lambda_k \tau})/\mathrm{d}\,\tau \mid_{\tau=0} = \lambda_k$$
$$else \quad q_{ij} = 0 \tag{3-1}$$

（2）当 i＝j 时，

$$q_{ij} = d\prod_k [1 - (1 - e^{-\lambda_k \tau})]/\mathrm{d}\,\tau \mid_{\tau=0}$$
$$= \mathrm{d}[e^{-\tau}\sum_k(\lambda_k)]/\mathrm{d}\,\tau \mid_{\tau=0} = -\sum_k \lambda_k \tag{3-2}$$

其中，$k \neq i$ 且有 $\exists M' \in [M_0>$，$\exists T$：M_i［$t_k > M'$，λ_k 是 t_k 的速率。这里 M_i［t_k＞是表示变迁 t_k 在标识 M_i 有发生权，M_i［$t_k > M_j$ 是变迁 t_k 在标识 M_i 产生了新的标始 M_j。式（3－1）则表示当i≠j时，标识 M_i 与标识 M_j 之间有一条有向弧连接时，λ_k 即是转移矩阵 Q 非对角线上元素 q_{ij}的值；标识 M_i 与标识 M_j 之间没有有向弧连接时，则 $q_{ij}=0$。式（3－2）则表示当 i＝j 时，转移矩阵 Q 对角线上元素 q_{ij}的值为标识 M_i 输出的各有向弧上速率之和的负数即 $-\sum_k \lambda_k$。在通过求解下列线性矩阵方程得到稳态概率，记为 P＝［$P(m_1)$，$P(m_2)$，…，$P(m_n)$］，根据马尔科夫链平稳分布的相关定理和切普曼—柯尔莫哥洛夫方程可得：

$$\begin{cases} P\Gamma = 0 \\ \sum_{i=1}^{n} P(m_i) = 1 \end{cases} \tag{3-3}$$

根据式（3－3），对 λ_i 采用适当模糊化值作为其上下界，可得到模糊方程组：

$$\begin{cases} \widetilde{P}\widetilde{\Gamma} = 0 \\ \sum_{i=1}^{n} \widetilde{P}(m_i) = 1 \end{cases} \tag{3-4}$$

其中，$\widetilde{P}$＝（$\widetilde{p}_1$，$\widetilde{p}_2$，…，$\widetilde{p}_n$），该方程中所有转移矩阵的元素都是模糊数，矩阵 $\widetilde{\Gamma}$＝（$\widetilde{\xi}_{ij}$）$_{n\times n}$称为变迁的激发率矩阵，i＝1，2，…，n；j＝1，2，…，n。矩阵 Γ 中非对角线上的元素 $\widetilde{\xi}_{ij}$（i≠j）

取决于马尔科夫链的状态图，当图中从标识 m_i 到标识 m_j 之间存在有向弧时，$\widetilde{\xi}_{ij}$为弧上的变迁激发率之和；当没有弧时 $\widetilde{\xi}_{ij}$为零。矩阵 $\widetilde{\Gamma}$ 中对角线上的元素因为 $\widetilde{\Gamma}$ 中的任意行元素都满足$\sum_{j=1}^{k}\widetilde{\xi}_{ij}=0$，则有 $\widetilde{\xi}_{ij}=-\sum_{i\neq j}\widetilde{\xi}_{ij}$。

第四步：随机 Petri 网与时间连续的齐次马尔科夫链是同构的，因此，可以通过求解 SPN 的可达集，构造相应的马尔科夫链。当所构造的马尔科夫链存在平稳分布，即可求出系统的稳定状态概率。求得稳定概率后，确定 SPN 所描述群体性突发事件演化系统的性能，并对其进行评估和改进。

二 群体性突发事件演化的随机 Petri 网模型

对如图 3－2 所示的群体性突发事件演化过程按照上述步骤建立相对应的随机 Petri 网模型，如图 3－3 所示。图 3－3 模型中由 14 个库所和 11 个变迁组成：

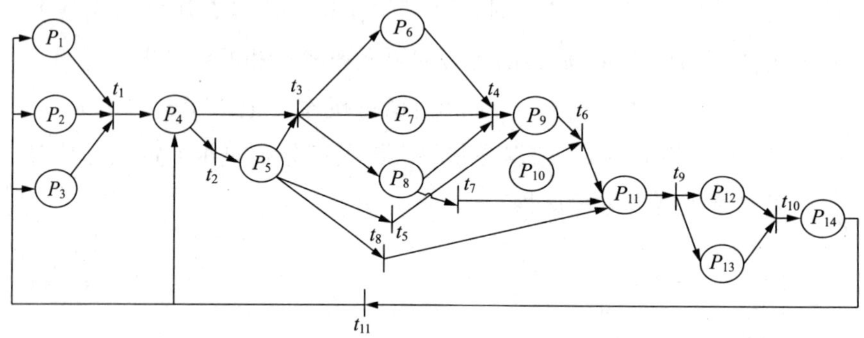

图 3－3 群体性突发事件演化的 SPN 模型示意

图 3－3 中，各库所与变迁集分别表示：

（一）库所的有限集（P）

在库所的有限集（P）中，P_1 表示社会群体的利益博弈；P_2 表示社会群体的心理失衡；P_3 表示社会群体的矛盾加剧；P_4 表示导火索事件；P_5 表示谣言传闻；P_6 表示直接利益相关参与者；P_7 表示情绪感染参与者；P_8 表示不法分子；P_9 表示群体聚集；P_{10}表示诉求渠道不顺畅；P_{11}表示群体暴力；P_{12}表示不法分子被控制；P_{13}表示群体情绪缓和；P_{14}表示事件平息。

（二）变迁的有限集

在变迁的有限集（t）中，t_1 表示社会各种问题不断积累加剧；t_2 表示处置措施不到位，信息不透明；t_3 表示通过各种媒介信息传播；t_4 表示群体情绪相互感染；t_5 表示谣言快速传播；t_6 表示政府处置干预不力；t_7 表示煽动策划；t_8 表示谣言大规模蔓延；t_9 表示疏导群体消极情绪，警力控制暴力行为；t_{10}表示澄清谣言，疏散群众；t_{11}表示善后处理。

该随机 Petri 网的初始标识为 M_1 =（1，1，1，0，0，0，0，0，0，0，0，0，0，0），表示 P_1、P_2、P_3 中各有一个托肯，由此得到不同的变迁所得到的可达集，因而可以得到如下标识集：

M_1 =（1，1，1，0，0，0，0，0，0，0，0，0，0，0）

M_2 =（1，1，1，1，0，0，0，0，0，0，0，0，0，0）

M_3 =（1，1，1，1，1，0，0，0，0，0，0，0，0，0）

M_4 =（1，1，1，0，0，1，1，1，0，0，0，0，0，0）

M_5 =（1，1，1，0，0，1，0，0，0，0，0，0，0，0）

M_6 =（1，1，1，0，0，0，0，0，1，1，0，0，0，0）

M_7 =（1，1，1，0，0，0，0，1，0，0，0，0，0，0）

M_8 =（1，1，1，0，1，0，0，0，0，0，0，0，0，0）

M_9 =（1，1，1，0，0，0，0，0，0，0，1，0，0，0）

M_{10} =（1，1，1，0，0，0，0，0，0，0，0，1，1，0）

M_{11} =（1，1，1，0，0，0，0，0，0，0，0，0，0，1）

在连续时间随机 Petri 网中，一个变迁从可实施到实施需要延时，即从一个变迁 t 变成可实施的时刻到它实施时刻之间被看作是一个连续随机变量 x_t（正值），且服从一个分布函数：

$$F_t(x)=P\{x_t\leqslant x\} \tag{3-5}$$

其中，每个变迁的分布函数定义成一个指数分布函数：

$$\forall t\in T:\ F_t=1-e^{-\lambda_t x} \tag{3-6}$$

式中，实参数 λ_t 是变迁 t 的平均实施速率。其中各库所转换的变迁时间为一时间随机变量，并服从指数分布，变迁 t_0，t_1，…，t_{11} 的平均实施速率分别为 λ_0，λ_1，…，λ_{11}。

根据群体性突发事件演化过程的随机 Petri 网模型的 11 个状态 M_1，M_2，M_3，M_4，…，M_{11} 可得到其同构的马尔科夫链，如图 3－4 所示。图 3－4 中有向弧表示群体性突发事件演化过程的 SPN 模型从一个状态到另一个状态的转换。

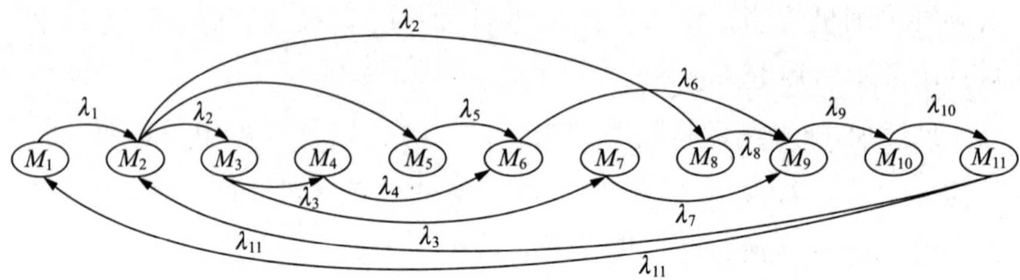

图 3－4　群体性突发事件演化模型马尔科夫链

资料来源：笔者整理。

设 $p(M_i)$（i＝1，2，…，8）为群体性突发事件演化过程的随机 Petri 网模型稳定状态下的状态 M_i 的概率。由此可以得到如下状态概率间的关系式：

$$\begin{cases}
\lambda_1 p(M_1) = \lambda_{11} p(M_{11}) \\
\lambda_2 p(M_2) + \lambda_2 p(M_2) = \lambda_1 p(M_1) + \lambda_{11} p(M_{11}) \\
\lambda_3 p(M_3) + \lambda_3 p(M_3) = \lambda_2 p(M_2) \\
\lambda_4 p(M_4) = \lambda_3 p(M_3) \\
\lambda_5 p(M_5) = \lambda_2 p(M_2) \\
\lambda_6 p(M_6) = \lambda_4 p(M_4) + \lambda_5 p(M_5) \\
\lambda_7 p(M_7) = \lambda_3 p(M_3) \\
\lambda_8 p(M_8) = \lambda_2 p(M_2) \\
\lambda_9 p(M_9) = \lambda_6 p(M_6) + \lambda_7 p(M_7) + \lambda_8 p(M_8) \\
\lambda_{10} p(M_{10}) = \lambda_9 p(M_9) \\
\lambda_{11} p(M_{11}) + \lambda_{11} p(M_{11}) = \lambda_{10} p(M_{10}) \\
\sum_{i=1}^{11} p(M_i) = 1
\end{cases} \tag{3-7}$$

对方程中的λ_i进行模糊化处理，本书采用三角模糊数表示变迁的激发率，原因在于群体性突发事件发生的不确定因素主要围绕一个点（λ_i 点），不会同时存在多个点等其他情况，则 $\tilde{\lambda} = (\tilde{\lambda}_1, \tilde{\lambda}_2, \cdots, \tilde{\lambda}_{11})$ 是变迁引发率的模糊集，$\tilde{\lambda}_i$ 是一个正的实数。

模糊变迁引发率 $\tilde{\lambda}_i$ 可由三元组(ω_{i1}，ω_{i2}，ω_{i3})来表示，其中参数“ω_{i2}”给出了 $\mu_{\lambda_i}(x)$的最大隶属度，即 $\mu_{\lambda_i}(\omega_{i2}) = 1$；参数“$\omega_{i1}$”和“$\omega_{i3}$”给出模糊数据的最小值和最大值。三元组定义的模糊数的 α 截集定义为：$\Psi^{(\alpha)} = [\omega_1^{(\alpha)}, \omega_3^{(\alpha)}]$，实质上定义了一个信任区间并可以写为：$\Psi^{(\alpha)} = [\omega_1 + (\omega_2 - \omega_1)\alpha, \omega_3 + (\omega_3 - \omega_2)\alpha]$（Tüyüsz and Kahraman，2010）。

由上面的稳定状态概率方程组（3 - 7）所得的稳态概率分布是模糊数，为得到可靠性的准确值，必须对其进行解模糊。本书采用区域中心法进行解模糊，通过对上述线性方程组的求解，可以得到群体性突发演化事件处于可能的状态的稳态概率，从这些稳态概率中可以找出，如何改变某些环节来降低群体性突发事件系统的危害性，对于提高群体性突发事件应急决策效率具有重要的现实意义。

第三节 情景演变仿真分析

以“池州事件”为例进行演化仿真。2005 年 6 月 26 日下午 14 时 30 分，安徽省池州市翠柏路菜市场发生一起车祸；14 时 41 分接到报警，肇事者倚财仗势，态度极为恶劣，并不听从派出所民警的处理，有人谣传政府会袒护招商引资来的“老板”；18 时左右，围观群众开始大规模聚集；18 时 50 分，部分不法分子开始点燃轿车，袭击现场武警；20 时左右，人群开始打砸派出所十几米之遥、据说是由肇事者投资的一家超市，超市被哄抢洗劫一空；21 时，传达省长指示：要尽快疏散人群，严防不法分子继续作案，同时做好调查取证工作，严厉打击不法分子；23 时 40 分，700 多名警力冒雨开赴现场，局面迅速得到控制，几名涉嫌人员被公安部门当即抓获，池州群体性突发事件平息（吴志宏，2005）。

模型参照池州群体性突发事件实例对变迁平均实施速率（λ_1，…，λ_{11}）进行参数设定，由于池州当地政府与民众群体间的利益博弈、贫富差距等带来的社会结构性矛盾积累时间比较长，则本书假定变迁 t_1 的平均实施速率 $\lambda_1 = 8$；导火索事件爆发后，经过约1/3 小时后谣言开始传播，1.5 小时后群众开始聚集，1 小时后开始发生群体打砸等暴力活动，3 小时后政府实施具体措施应对群体暴力事件，2 小时后群体暴力事件得到控制。由此假定 t_2，…，t_{11} 的平均实施速率分别为 $\lambda_2 = 2$，$\lambda_3 = 3$，$\lambda_4 = 4$，$\lambda_5 = 2$，$\lambda_6 = 1$，$\lambda_7 = 2$，$\lambda_8 = 4$，$\lambda_9 = 1$，$\lambda_{10} = 6$，$\lambda_{11} = 4$。对 λ_1，…，λ_{11} 采用 ±10%的模糊化程度作为其上下限，取稳定概率之和模糊数为（0.9，1，1.1），α 为0—1，步长为0.1，求解式（3－7）可得到稳定概率，利用模糊数学原理解稳定状态概率方程充分考虑了群体性突发事件发生的不确定性及事件演化过程的复杂性，更加符合实际。情景分析是对事件的不同演化状态进行探讨，通过改变变迁平均实施速率 λ_1，λ_3，λ_5，λ_6，λ_8 进行情景推演仿真。

情景 1：社会利益、社会心理、社会矛盾等社会结构性压力积累程度（变迁 λ_1）的变动。

模型假定 λ_2，…，λ_{11} 不变，通过变动 λ_1，可以得到演变的情况如图 3－5 所示。

从图 3－5 可以看出，当 λ_1 从 1 变到 20 时，即随着社会群体的利益博弈、社会群体的心理失衡、社会群体的矛盾加剧等社会结构性压力不断增大，整个系统处于空闲状态的概率迅速下降，而群体聚集的概率 $p(M_6)$ 和群体暴力的概率 $p(M_9)$ 明显上升。不同社会群体的利益博弈导致群体间的利益关系不平衡，进而加剧了社会群体间的矛盾激化。当社会结构性压力的积累程度超过一定社会承受阈值时，在导火索事件诱发下，就很容易造成群体聚集暴力事件的发生。为避免群体性抗争升级，政府必须着眼于日常公共管理中机制和体制的不断完善和改革，积极引导社会认知，疏导群体不满情绪，建立通畅的诉求渠道，缓解社会紧张，降低群体性突发事件的发生概率。

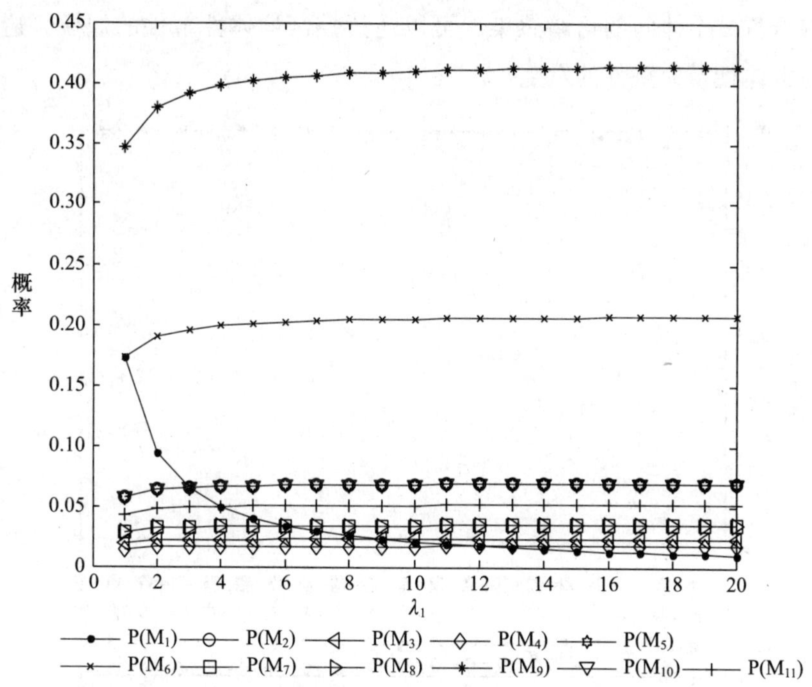

图 3－5　λ_1 变动下群体性突发事件演化系统的稳态概率

情景 2：群体情绪相互感染程度（变迁 λ_4）的变动。

模型假定 λ_1，…，λ_3，λ_5…，λ_{11} 不变，通过变动 λ_4，可以得到演变的情况如图 3－6 所示。

从图 3－6 中可以看出，当 λ_4 从 1 变到 20 时，即群体情绪相互感染程度加剧，则群体发生暴力的概率 p(M_9) 上升明显。因为群体间情绪存在着依赖性，群体宣泄的情感相似或相同，例如，池州事件中群体对于贫富差距、执法不公等矛盾的社会认知达成共识；群体负面的情绪相似或相同，例如，群众的利益诉求得不到申诉，这些都将导致群体间情绪达到共鸣，将群众集合在一起。而群体情绪的相互感染和结构性传导，使群体社会认知产生偏差，导致行为缺乏理性，最终促成群体性暴力事件的发生。在群体聚集阶段，政府需通过各种方法和途径疏解群众内心负面情绪，扭转社会认知，降低群体个体间的情绪感染，可以通过控制群体性事件的规模，避免群体性暴力事件的发生。

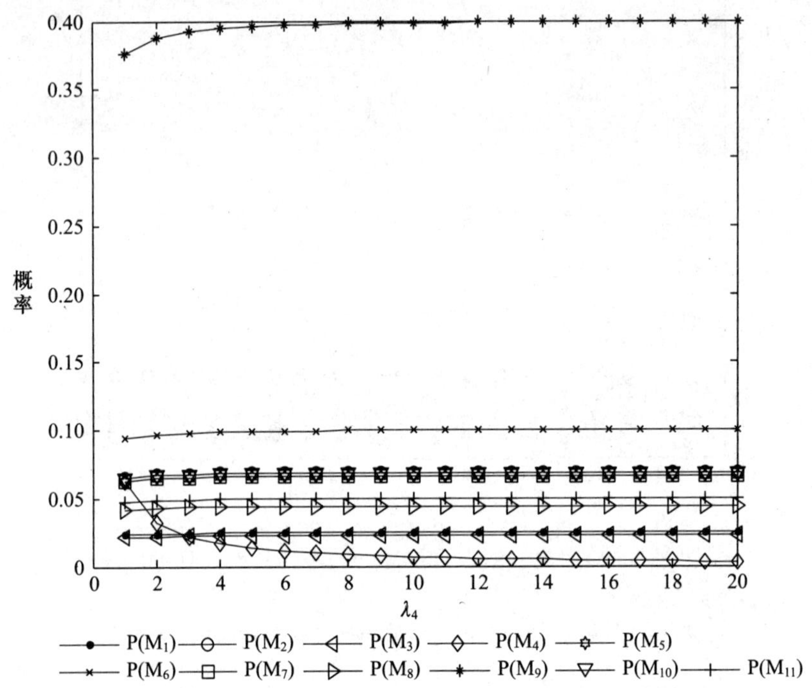

图 3－6　λ_4 变动下群体性突发事件演化系统的稳态概率

本章小结

本章研究了群体性突发事件的演化情景问题，本书采用多案例分析方法提取群体性突发事件的属性，从"事件类型、关键属性、从属属性、环境属性和危害评估属性”对其进行结构化描述。在此基础上，将群体性突发事件演化过程分为潜伏阶段、诱发阶段、发展阶段、高潮阶段和消亡阶段五个阶段，并分析群体性突发事件演化过程中的相关属性，利用基于模糊集和随机 Petri 网的建模分析方法，根据随机 Petri 网与马尔科夫链的同构关系，构建了群体性突发事件演化的随机 Petri 网模型和等价马尔科夫链模型。以“池州事件”为例，通过马尔科夫链及其相关数学方法对池州群体性事件不同演化状态进行了情景推演模拟，并分析其中的均衡状态及其变动规律，研究结果表明：

（1）不同社会群体的利益博弈导致群体间的利益关系不平衡，进而加剧了社会群体间的矛盾激化。当社会结构性压力的积累程度超过一定社会承受阈值时，在导火索事件诱发下，就很容易造成群体聚集暴力事件的发生。为避免群体性抗争升级，政府必须着眼于日常公共管理中机制和体制的不断完善和改革，积极引导社会认知，疏导群体不满情绪，建立通畅的诉求渠道，缓解社会紧张，降低群体性突发事件的发生概率。

同时，进一步改进和完善信访工作。信访工作是连接政府部门和人民群众的桥梁和纽带，对于准确把握群众的意见具有重要的作用。一方面，要建立完善的信访工作机制，不断加强信访工作中的主办责任制度和督察制度，提高信访制度的程序化和规范化；另一方面，要建立领导负责制，加强政府部门领导同志接待群众的来访来信制度，通过多部门协同合作，提升信访工作服务质量。

（2）群体情绪相互感染程度加剧，则群体发生暴力的概率上升明显。因为群体间情绪存在依赖性，群体宣泄的情感相似或相同，例如，池州事件中群体对于贫富差距、执法不公等矛盾的社会认知达成共识；群体负面的情绪相似或相同。又如，群众的利益诉求得不到申诉，这些都将导致群体间情绪达到共鸣，将群众集合在一起。而群体情绪的相互感染和结构性传导，使群体社会认知产生偏差，导致行为缺乏理性，最终促成群体性暴力事件的发生。

在群体聚集阶段，政府需通过各种方法和途径疏解群众内心负面情绪，扭转社会认知，降低群体个体间的情绪感染。一是要充分发挥媒体传播的舆论导向作用，通过微信、微博、新闻网等新媒体及时发布权威信息，正确引导舆论，帮助群体及时准确地了解事件真相，形成正确的价值取向。二是要及时与聚集的群众进行沟通，疏导群体间的消极情绪，疏散围观聚集的群众，通过控制群体性事件的规模，避免群体性暴力事件的发生。

第四章 群体性突发事件异质群体演化博弈模型

第三章针对群体性突发事件演化情景问题进行了研究，分析了造成群体性突发事件的主要原因，是由于不同社会群体的利益博弈加剧了社会矛盾激化进而引发冲突。为了分析不同社会群体的利益博弈问题，接下来将研究群体性突发事件中两类异质社会群体博弈策略演化的不同，并深入分析上级政府的惩罚对群体性突发事件中异质群体策略演化的影响，以及进一步研究随着上级政府惩罚力度的加大会对这两类社会群体的策略演化产生怎样的影响，上述这些问题将在第四章进行详细分析探讨。

本章分为四节，第一节分析参与群体性突发事件中不同的社会利益群体类型，在此基础上对本书研究问题模型做了基本假设，并构建未引入上级政府惩罚机制下的群体性突发事件演化博弈模型（第二节）和引入上级政府惩罚机制下的群体性突发事件演化博弈模型（第三节），基于数据仿真情景模拟得到了本书的研究结论（第四节），最后对本章的研究工作做了总结并提出了相应的对策建议。

第一节 问题提出与模型假设

一 群体性突发事件博弈参与者分析

本书参考以往的群体性突发事件案例，对参与到群体性突发事件的不同群体类型进行分析。这里选取了 8 个典型的群体性突发事件案例标本，分别是 2005 年安徽池州事件、2008 年云南孟连事件、2008 年湖南吉首事件、2008 年贵州翁安事件、2008 年甘肃陇南事件、2009 年海南东方事件、2011 年潮州古巷事件、2011 年云南绥江事件作为研究对象，分析过程具体如表 4 - 1 所示。

表 4 - 1　　　　群体性突发事件案例分析

事件名称	导火索事件	事件经过	事件参与者
2005 年安徽池州事件	交通事故	2005 年 6 月 26 日，导火索事件是由池州城区汽车撞人纠纷事件引起，一些不明真相的群众在少数不法分子的鼓动下，冲进派出所，烧、砸车辆，殴打民警，哄抢超市	当地政府机关、公安部门与普通群众等
2008 年贵州瓮安事件	中学生溺亡	2008 年 6 月 28 日，瓮安事件发端于瓮安县一名女学生溺水死亡，瓮安县公安局对女学生的死因做出鉴定，但死者家属对鉴定结论不满，聚集到县政府，政府部门被围攻，县公安局、县委、县政府大楼均不同程度被烧	当地公安部门与普通群众等
2008 年云南孟连事件	民警抓捕闹事者	2008 年 7 月 19 日，公安机关依法对云南省普洱市孟连傣族拉祜族佤族自治县的 5 名涉嫌违法行为犯罪人员进行拘捕，在此过程中 500 多名不明真相的村民在极少数别有用心人的煽动下，与民警发生激烈的暴力冲突。事件造成 2 名村民死亡，多名公安民警和群众受伤，民警车辆遭到不同程度的打砸、损毁	当地民警与村民群众等
2008 年湖南吉首事件	福大地产公司非法集资	2008 年 9 月 3 日，湖南吉首发生了因非法集资资金链条断裂而引发万人聚集围堵湘西州政府和火车站的群体性突发事件，事件造成市里交通瘫痪及火车延误	集资公司与集资普通民众等

续表

事件名称	导火索事件	事件经过	事件参与者
2008 年甘肃陇南事件	拆迁户安置	2008 年 11 月 17 日 9 时 30 分许，甘肃省陇南市部分拆迁户因担心行政中心搬迁后其利益会受到损害，集体到陇南市委进行上访，随后事态进一步升级，一些情绪激动的拆迁户对陇南市委进行了打砸，造成 69 名武警、2 名民警和 3 名记者被打伤	当地政府机关与拆迁户等
2009 年海南东方事件	中学生打架斗殴	2009 年 3 月 23 日，事件的直接起因是感城镇附近两个村的两名中学生打架，由于群众普遍对当地治安秩序不满，尤其是今年以来有几起发生在学生身上的伤害治安案件未得到及时妥善处理，加之两村娱乐场所引起利益冲突，部分不明真相的村民在不法分子的煽动利用下，通过极端的手段宣泄不满情绪，对当地镇政府及公安边防派出所进行打、砸、烧，使得事件升级恶化，最终演变成为打、砸、抢、烧的群体性突发事件	当地政府机关与当地村民
2011 年云南绥江事件	移民安置	2011 年 3 月 25 日，绥江县部分移民群众因对移民政策理解上的差异而聚集起来，堵断了县城与外界运输物资的主干道路，直接导致日常的生活物资不能及时供应，一些商家店铺不能正常营业，严重扰乱了生活秩序和社会稳定	当地政府、企业集团与失地移民等
2011 年潮州古巷事件	民工讨薪纠纷	潮州市古巷事件发生在 2011 年 6 月 6 日广东省潮州市古巷镇。当晚该镇周围发生因外来工讨薪问题并演变成的暴力事件与族群冲突。部分民工冲击当地政府和古巷镇派出所，发生打砸等暴力行为，导致多名警员被打伤	企业工厂与欠薪的打工民工等

从表4－1可以看出，群体性突发事件中发生冲突的双方通常是：基层政府机关、公安部门、房地产开发商、企业工厂为代表的强势群体与失地农民、打工者、普通群众为代表的弱势群体之间发生的矛盾。这两个社会群体间的和谐关系直接决定了社会的稳定，因此，如何协调这两个群体间的利益博弈，避免发生大规模冲突，保证社会的和谐稳定也成了当前要解决的关键问题。接下来，本书将对群体性突发事件中的这两个异质群体即强势群体与弱势群体利益间的博弈演化过程进行分析，并对比讨论强势群体与弱势群体博弈演化策略的不同。

二　模型基本假设

基于群体性突发事件博弈参与者分析，对本书研究问题模型做如下假设：

H4－1：考虑在一个社会系统中有两类参与群体：强势群体 H 和弱势群体 D。例如在征地引发的群体性突发事件中，强势群体 H 是指征用农民土地的基层政府、企业和房地产开发商等，弱势群体 D 是指土地被征用的农民、下岗职工等。假设这两类参与群体都具备有限理性特征。

H4－2：两类群体同时争夺某种社会资源，其中弱势群体可以采取合作 S 或者抗争 F 两种策略，策略集合即 $ST_D = \{S, F\}$；强势群体则可以采取合作 C 或者强硬 T 两种策略，策略集合即 $ST_H = \{C, T\}$。在群体博弈过程中，假设强势群体采取强硬策略 T 的比例为 p，则采取合作策略 C 的比例为 $1-p$，$p \in [0, 1]$；弱势群体采取抗争策略 F 的比例为 q，弱势群体采取合作策略 S 的比例为 $1-q$，$q \in [0, 1]$。

H4－3：假设强势群体通过合理的谈判合作机制并让弱势群体妥协接受该方案时，强势群体获得收益为 U，同时社会弱势群体获得收益为 V。由于强势群体拥有各种信息等资源，相较于弱势群体处于优势地位，因此收益满足 $U > V$，则强势群体选择策略 C 与弱势群体选择策略 S 的收益分别为：

$$\pi_H^{CS}=U,\ \pi_D^{CS}=V \tag{4-1}$$

当强势群体采用合作策略 C 时，弱势群体对强势群体提供的方案不满，采取抗争策略 F。假设弱势群体采取抗争行动的成本为 c_p，同时会获得 ΔV 的额外收益。强势群体因弱势群体抗争造成事件激化，会付出事件激化后的处置成本 Δl，则强势群体选择策略 C 与弱势群体选择策略 F 的收益分别为：

$$\pi_H^{CF}=U-\Delta l-\Delta V,\ \pi_D^{CF}=V-c_p+\Delta V \tag{4-2}$$

当强势群体采用强硬打压策略，弱势群体被迫妥协接受该方案时，强势群体获得 ΔU 的额外收益，对采取合作策略的弱势群体会提供 γ 的补偿成本。强势群体采取强硬行动的成本为 c_g，由于其强硬打压会造成强势群体 δ 的信誉损失，则强势群体选择策略 T 与弱势群体选择策略 S 的收益分别为：

$$\pi_H^{TS}=U-c_g-\gamma-\delta+\Delta U,$$

$$\pi_D^{TS}=V+\gamma-\Delta U \tag{4-3}$$

当强势群体采用强硬策略时，受到强硬打压的弱势群体由于利益受损采取对抗，此时强势群体对采取抗争策略弱势群体进行 ω 的处罚，则强势群体选择策略 T 与弱势群体选择策略 F 的收益分别为：

$$\pi_H^{TF}=U-c_g-\Delta l-\delta+\omega+\Delta U-\Delta V,$$

$$\pi_D^{TF}=V-c_p-\omega-\Delta U+\Delta V \tag{4-4}$$

根据以上分析，可以得到社会强势群体与弱势群体博弈收益矩阵，如表 4－2 所示。

表 4－2　　群体博弈收益矩阵

强势群体 H	弱势群体 D	
	合作策略 S	抗争策略 F
合作策略 C	π_H^{CS}，π_D^{CS}	π_H^{CF}，π_D^{CF}
强硬策略 T	π_H^{TS}，π_D^{TS}	π_H^{TF}，π_D^{TF}

第二节　模型建立

由于信息的不确定性和博弈双方的有限理性，强势群体和弱势群体很难一次就做出理性的选择，因此，假设其行为是有限理性群体相互学习不断演化的过程。由于群体性突发事件中参与群体成员众多，因此，采用演化博弈中的复制动态方程（Smith，1982；Amann and Possajennikov，2009）来描述其演化过程：

一　强势群体复制动态方程与均衡分析

强势群体采取合作策略 C 和强硬策略 T 的期望收益分别为：

$$\prod_C = \pi_H^{CS}(1-q) + \pi_H^{CF}q = U(1-q) + (U - \Delta l - \Delta V)q \tag{4-5}$$

$$\prod_T = \pi_H^{TS}(1-q) + \pi_H^{TF}q = (U - c_g - \gamma - \delta + \Delta U)(1-q) + (U - c_g - \Delta l - \delta + \omega + \Delta U - \Delta V)q \tag{4-6}$$

则强势群体的平均收益为：

$$\prod_H = \prod_C(1-p) + \prod_T p \tag{4-7}$$

强势群体的演化博弈复制动态方程为：

$$\dot{p} = (\prod_T - \prod_H)p = (\prod_T - \prod_C)p(1-p) = p(1-p)[(-c_g - \gamma - \delta + \Delta U) + (\gamma + \omega)q] \tag{4-8}$$

由式（4－5）至式（4－8）可知，强势群体采取强硬策略 T 的比例随时间的变化率 $\dot{p}$ 与强势群体采取强硬策略的期望收益和采取合作策略的期望收益差值幅度（$\prod_T - \prod_C$）呈正相关关系。

令 $F(p) = \dot{p}$

（1）若 $q = \frac{c_g + \gamma + \delta - \Delta U}{\gamma + \omega}$，则 $F(p) \equiv 0$，这表示所有 y 轴水平

状态都是稳定状态；

（2）若 $q \neq \frac{c_g + \gamma + \delta - \Delta U}{\gamma + \omega}$，令 $F(p) = 0$，可以得到 p 的两个稳定点为：$p_1^* = 0$，$p_2^* = 1$。对 $F(p)$ 求导得到：

$$\dot{F}(p) = (1 - 2p)[(-c_g - \gamma - \delta + \Delta U) + (\gamma + \omega)q] \tag{4-9}$$

由于演化稳定策略 ESS 要求 $\dot{F}(p) < 0$，根据假设可知 $\gamma + \omega > 0$，则对 $c_g + \gamma + \delta - \Delta U$ 分以下几种情况进行讨论：

①若 $c_g + \gamma + \delta - \Delta U < 0$，即 $\frac{c_g + \gamma + \delta - \Delta U}{\gamma + \omega} < 0$，恒有 $q > \frac{c_g + \gamma + \delta - \Delta U}{\gamma + \omega}$，则 $p_2^* = 1$ 是 ESS，此时强势群体会选择策略 T；

②若 $0 < c_g + \gamma + \delta - \Delta U < \gamma + \omega$，分两种情况：

a）当 $q > \frac{c_g + \gamma + \delta - \Delta U}{\gamma + \omega}$ 时，$\dot{F}(p)|_{p_1^* = 0} > 0$，$\dot{F}(p)|_{p_2^* = 1} < 0$，则 $p_2^* = 1$ 是稳定点；

b）当 $q < \frac{c_g + \gamma + \delta - \Delta U}{\gamma + \omega}$ 时，$\dot{F}(p)|_{p_1^* = 0} < 0$，$\dot{F}(p)|_{p_2^* = 1} > 0$，则 $p_1^* = 0$ 是稳定点。

③若 $c_g + \gamma + \delta - \Delta U > \gamma + \omega$ 时，即 $\frac{c_g + \gamma + \delta - \Delta U}{\gamma + \omega} > 1$，恒有 $q < \frac{c_g + \gamma + \delta - \Delta U}{\gamma + \omega}$，则 $p_1^* = 0$ 是 ESS，此时强势群体会选择策略 C。

由以上分析，可以得到强势群体演化博弈复制动态演化趋势，如图 4－1 所示。

二　弱势群体复制动态方程与均衡分析

弱势群体采取合作策略 S 和强硬策略 F 的期望收益分别为：

$$\begin{aligned}\prod\nolimits_S &= \pi_D^{CS}(1 - p) + \pi_D^{TS} p \\ &= V(1 - p) + (V + \gamma - \Delta U)p \end{aligned} \tag{4-10}$$

$$\prod\nolimits_F = \pi_D^{CF}(1 - p) + \pi_D^{TF} p$$

$$= (V - c_p + \Delta V)(1 - p) + (V - c_p - \omega - \Delta U + \Delta V)p \tag{4-11}$$

则弱势群体的平均收益为：

$$\prod_D = \prod_S (1 - q) + \prod_F q \tag{4-12}$$

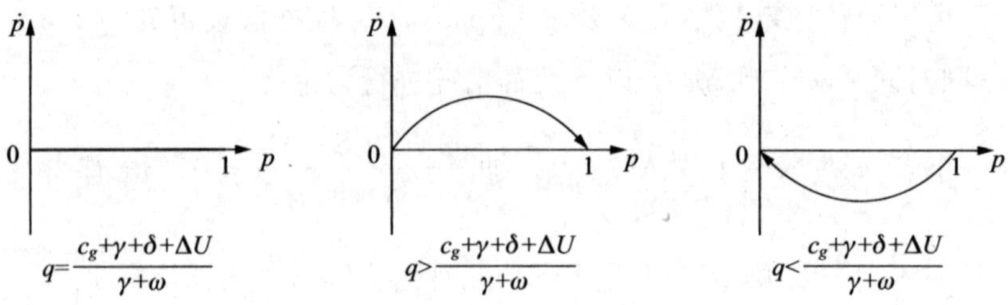

图 4－1　强势群体演化博弈复制动态相位

弱势群体的演化博弈复制动态方程为：

$$\begin{aligned}\dot{q} &= (\prod_F - \prod_D)q \\ &= (\prod_F - \prod_S)q(1 - q) \\ &= q(1 - q)[(-c_p + \Delta V) - (\omega + \gamma)p]\end{aligned} \tag{4-13}$$

由式（4－10）至式（4－13）可知，弱势群体采取抗争策略 F 的比例随时间的变化率 $\dot{q}$ 与弱势群体采取抗争策略的期望收益和采取合作策略的期望收益差值幅度（$\prod_F - \prod_S$）呈正相关关系。

令 F（q）$=\dot{q}$

（1）若 $p = \frac{-c_p + \Delta V}{\omega + \gamma}$，则 $F(q) \equiv 0$，这表示所有 y 轴水平状态都是稳定状态；

（2）若 $p \neq \frac{-c_p + \Delta V}{\omega + \gamma}$，令 $F(q) = 0$，可以得到 q 的两个稳定点为：$q_1^* = 0$，$q_2^* = 1$。对 F(q) 求导得到：

$$\dot{F}(q) = (1 - 2q)[(-c_p + \Delta V) - (\omega + \gamma)p] \tag{4-14}$$

由于演化稳定策略 ESS 要求 $\dot{F}(q)<0$，根据假设可知 $\omega+\gamma>0$，则对 $-c_p+\Delta V$ 分以下几种情况进行讨论：

①$-c_p+\Delta V<0$，即 $\frac{-c_p+\Delta V}{\omega+\gamma}<0$，恒有 $p>\frac{-c_p+\Delta V}{\omega+\gamma}$，则 $q_1^*=0$ 是 ESS，此时弱势群体会选择策略 S。

②若 $0<-c_p+\Delta V<\omega+\gamma$，分两种情况：

a）当 $p>\frac{-c_p+\Delta V}{\omega+\gamma}$ 时，$\dot{F}(q)\mid_{q_1^*=0}<0$，$\dot{F}(q)\mid_{q_2^*=1}>0$，则 $q_1^*=0$ 是稳定点；

b）当 $p<\frac{-c_p+\Delta V}{\omega+\gamma}$ 时，$\dot{F}(q)\mid_{q_1^*=0}>0$，$\dot{F}(q)\mid_{q_2^*=1}<0$，则 $q_2^*=1$ 是稳定点。

③若 $-c_p+\Delta V>\omega+\gamma$ 时，即 $\frac{-c_p+\Delta V}{\omega+\gamma}>1$，恒有 $p<\frac{-c_p+\Delta V}{\omega+\gamma}$，则 $q_2^*=1$ 是 ESS，此时弱势群体会选择策略 F。

由以上分析，可以得到弱势群体演化博弈复制动态演化趋势，如图 4－2 所示。

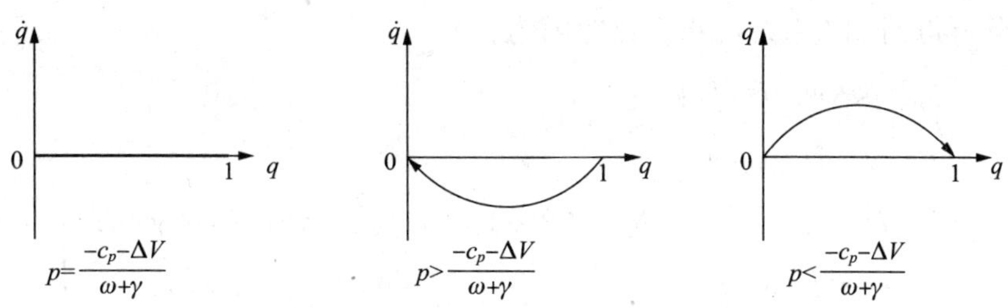

图 4－2　弱势群体演化博弈复制动态相位

将上述强势群体与弱势群体复制动态演化趋势在平面坐标进行表述，如图 4－3 所示。

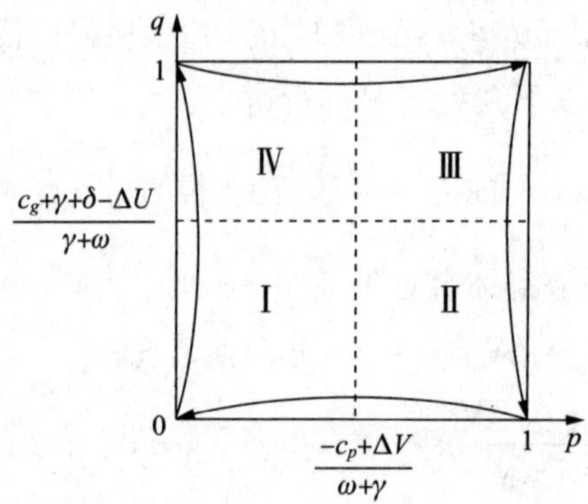

图 4－3　两群体演化博弈复制动态相位

三　群体混合策略稳定性分析

由式（4－8）和式（4－13）可以得到一个强势群体与弱势群体构成的二维动力系统为：

$$\begin{cases}\dot{p}=p(1-p)[(-c_g-\gamma-\delta+\Delta U)+(\gamma+\omega)q] \\ \dot{q}=q(1-q)[(-c_p+\Delta V)-(\omega+\gamma)p]\end{cases} \tag{4－15}$$

依据弗里德曼（1991）提出的方法，其二维动力系统平衡点的稳定性是由两个群体组成的二维动力系统的雅克比矩阵局部稳定性分析得到，该系统的雅克比矩阵为：

$$J=\begin{bmatrix}\partial\dot{p}/\partial p & \partial\dot{p}/\partial q \\ \partial\dot{q}/\partial p & \partial\dot{q}/\partial q\end{bmatrix}$$

$$=\begin{bmatrix}(1-2p)[(-c_g-\gamma-\delta+\Delta U)+(\gamma+\omega)q] & p(1-p)(\gamma+\omega) \\ q(1-q)(-\omega-\gamma) & (1-2q)[(-c_p+\Delta V)-(\omega+\gamma)p]\end{bmatrix} \tag{4－16}$$

计算矩阵 J 在（0，0），（0，1），（1，0），（1，1），（p^*，q^*）这五个点的行列式和迹的值及符号，其中，$p^*=\frac{-c_p+\Delta V}{\omega+\gamma}$，$q^*=\frac{c_g+\gamma+\delta-\Delta U}{\gamma+\omega}$，由此判断出该二维动力系统的局部稳定性。

定理 4.1　当 $c_g+\delta-\Delta U>\omega$ 且 $-c_p+\Delta V<0$ 时，系统存在唯一的演化稳定策略 ESS 为（0，0）。

证明：首先计算出各点处的行列式和迹，如表 4－3 所示。

表 4－3　系统平衡点及其行列式和迹

(p，q)	det(J)	tr(J)
(0,0)	$(-c_g-\gamma-\delta+\Delta U)(-c_p+\Delta V)$	$(-c_g-\gamma-\delta+\Delta U)+(-c_p+\Delta V)$
(0,1)	$(-c_g-\delta+\Delta U+\omega)(c_p-\Delta V)$	$(-c_g-\gamma+\Delta U+\omega)+(c_p-\Delta V)$
(1,0)	$(c_g+\gamma+\delta-\Delta U)(-c_p+\Delta V-\omega-\gamma)$	$(c_g+\gamma+\delta-\Delta U)+(-c_p+\Delta V-\omega-\gamma)$
(1,1)	$(c_g+\delta-\Delta U-\omega)(c_p-\Delta V+\omega+\gamma)$	$(c_g+\delta-\Delta U-\omega)+(c_p-\Delta V+\omega+\gamma)$
(p^*,q^*)	$(-c_p+\Delta V)(c_g+\gamma+\delta-\Delta U)$ $\dfrac{(\omega+\gamma+c_p-\Delta V)(\gamma+\omega-c_g-\gamma-\delta+\Delta U)}{(\gamma+\omega)^2}$	0

针对表 4－3，当满足条件（Ⅰ）$c_g+\delta-\Delta U>\omega$ 且 $-c_p+\Delta V<0$ 时，对均衡点进行稳定性分析，结果如表 4－4 所示。

表 4－4　条件（Ⅰ）时系统平衡点及局部稳定性

(p，q)	det(J)	tr(J)	结果
(0，0)	+	－	ESS
(0，1)	－	+，－	鞍点
(1，0)	－	+，－	鞍点
(1，1)	+	+	不稳定点
$(p^*，q^*)$	不是平衡点		

从表 4－4 可以看出，当 $c_g+\delta-\Delta U>\omega$ 且 $-c_p+\Delta V<0$ 时，系统存在唯一演化稳定点（0，0）和一个不稳定点（1，1）以及两个鞍点（0，1）和（1，0）。即系统初始不管处于何种状态，最终都

会演化至稳定点（0，0），其表示强势群体和弱势群体这两个群体最终的演化均衡策略是（合作，合作）。根据假设，$c_g+\delta-\Delta U>\omega$ 表示强势群体采取强硬策略的成本与信誉损失成本超过其获得收益及对采取抗争策略的弱势群体惩罚成本之和，$-c_p+\Delta V<0$ 则表示弱势群体通过抗争获得收益小于其采取抗争成本时，两个群体将都会放弃强硬对抗策略，选择合作策略。其演化相位图如图 4－4 所示。

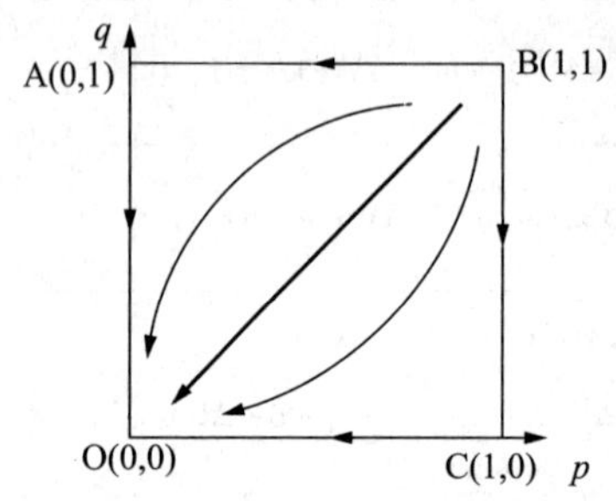

图 4－4　条件（Ⅰ）时系统演化动态相位

定理 4.2　当 $c_g+\gamma+\delta<\Delta U$ 且 $-c_p+\Delta V<0$ 时，系统存在两个演化稳定策略 ESS 为（0，1）和（1，0）。

证明：当满足条件（Ⅱ）$c_g+\gamma+\delta<\Delta U$ 且 $-c_p+\Delta V<0$ 时，对均衡点进行稳定性分析，结果如表 4－5 所示。

表 4－5　　条件（Ⅱ）时系统平衡点及局部稳定性

(p，q)	det(J)	tr(J)	结果
(0，0)	+	+，－	鞍点
(0，1)	+	－	ESS
(1，0)	+	－	ESS
(1，1)	+	+，－	鞍点
$(p^*，q^*)$	不是平衡点		

从表4-5可以看出，当 $c_g+\gamma+\delta<\Delta U$ 且 $-c_p+\Delta V<0$ 时，系统存在两个演化稳定点（0，1）和（1，0）以及两个鞍点（0，0）和（1，1）。其演化相位图见图4-5，从图4-5可以看出，折线左上部分OABQ部分收敛于演化稳定策略（合作，抗争）即A(0，1)，而折线右下方OCBQ部分收敛于演化稳定策略（强硬，合作）即C(1，0)，即这两种演化稳定策略是并存的，其最终演化结果是由两个群体所处的初始状态决定的。其演化相位图如图4-5所示。

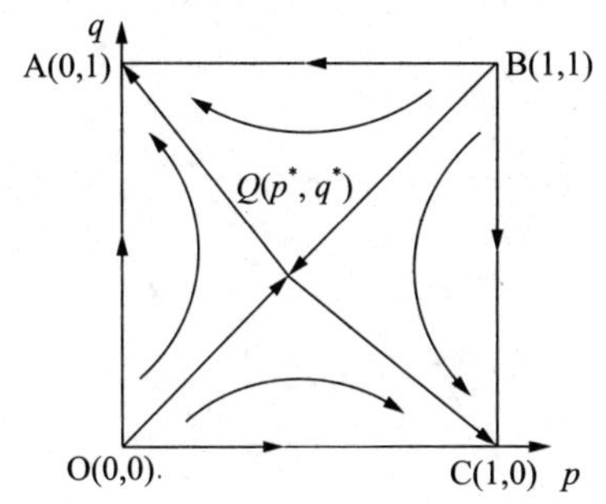

图4-5 条件（Ⅱ）时系统演化动态相位

定理4.3 当 $c_g+\gamma+\delta<\Delta U$ 且 $c_p+\gamma+\omega<\Delta V$ 时，系统存在唯一演化稳定策略ESS为（1，1）。

证明：当满足条件（Ⅲ）$c_g+\gamma+\delta<\Delta U$ 且 $c_p+\gamma+\omega<\Delta V$ 时，对均衡点进行稳定性分析，结果如表4-6所示。

表4-6 条件（Ⅲ）时系统平衡点及局部稳定性

(p, q)	det(J)	tr(J)	结果
(0, 0)	+	+	不稳定点
(0, 1)	+	+, -	鞍点
(1, 0)	+	+, -	鞍点
(1, 1)	+	-	ESS
(p^*, q^*)	不是平衡点		

从表4-6可以看出，系统存在唯一演化稳定点（1，1）和一个不稳定点（0，0）以及两个鞍点（0，1）和（1，0）。即系统初始不管处于何种状态，最终都会演化至稳定点（1，1），其表示强势群体和弱势群体这两个群体最终的演化均衡策略是（强硬，抗争），此时双方冲突爆发。由假设可知，$c_g+\gamma+\delta-\Delta U<0$ 表示强势群体采取强硬策略的收益超过其行动成本、信誉损失与提供补偿成本之和，$-c_p+\Delta V>\gamma+\omega$ 则表示弱势群体通过抗争获得收益超过其行动成本、获得补偿及支付惩罚成本时，两个群体最终都会选择强硬对抗策略。其演化动态相位图如图4-6所示。

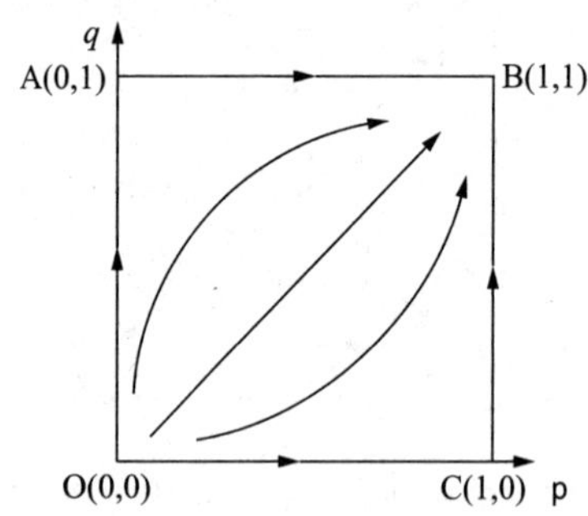

图4-6　条件（Ⅲ）时系统演化动态相位

第三节　上级政府惩罚机制下群体演化博弈模型

为促使强势群体与弱势群体双方采取合作策略，避免双方发生冲突，上级政府可通过引入惩罚机制进行控制。假设上级政府对采取策略T的强势群体和采取策略F的弱势群体均给予惩罚W。在两群体重复博弈中，其博弈的二维收益矩阵如表4-7所示。

表4－7　　上级政府惩罚机制下群体博弈收益矩阵

强势群体 H	弱势群体 D	
	合作策略 S	抗争策略 F
合作策略 C	π_H^{CS}，π_D^{CS}	π_H^{CF}，$\pi_D^{CF}-W$
强硬策略 T	$\pi_H^{TS}-W$，π_D^{TS}	$\pi_H^{TF}-W$，$\pi_D^{TF}-W$

对表4－7进行分析，可以得到：

一　上级政府惩罚机制下强势群体复制动态方程

强势群体采取合作策略 C 和强硬策略 T 的期望收益分别为：

$$\prod_C = \pi_H^{CS}(1-q)+\pi_H^{CF}q$$
$$= U(1-q)+(U-\Delta l-\Delta V)q \tag{4-17}$$

$$\prod_T = (\pi_H^{TS}-W)(1-q)+(\pi_H^{TF}-W)q$$
$$= (U-c_g-\gamma-\delta+\Delta U-W)(1-q)+$$
$$(U-c_g-\Delta l-\delta+\omega+\Delta U-\Delta V-W)q \tag{4-18}$$

则强势群体的平均收益为：

$$\prod_H = \prod_C(1-p)+\prod_T p \tag{4-19}$$

强势群体的演化博弈复制动态方程为：

$$\dot{p} = (\prod_T-\prod_H)p$$
$$= (\prod_T-\prod_C)p(1-p)$$
$$= p(1-p)[(\pi_H^{TS}-\pi_H^{CS}-W)(1-q)+(\pi_H^{TF}-\pi_H^{CF}-W)q] \tag{4-20}$$

由式（4－17）至式（4－20）可知，强势群体采取强硬策略 T 的比例随时间的变化率 $\dot{p}$ 与强势群体采取强硬策略和采取合作策略的期望收益差值幅度（$\prod_T-\prod_C$）呈正相关关系。

二　上级政府惩罚机制下弱势群体复制动态方程

弱势群体采取合作策略 S 和抗争策略 F 的期望收益分别为：

$$\prod_S = \pi_D^{CS}(1-p)+\pi_D^{TS}p$$

$$= V(1-p) + (V+\gamma-\Delta U)p \tag{4-21}$$

$$\prod_F = (\pi_D^{CF} - W)(1-p) + (\pi_D^{TF} - W)p$$
$$= (V - c_p + \Delta V - W)(1-p) + (V - c_p - \omega - \Delta U + \Delta V - W)p \tag{4-22}$$

则弱势群体的平均收益为：

$$\prod_D = \prod_S (1-q) + \prod_F q \tag{4-23}$$

弱势群体的演化博弈复制动态方程为：

$$\dot{q} = (\prod_F - \prod_D)q$$
$$= (\prod_F - \prod_S)q(1-q)$$
$$= q(1-q)[(\pi_D^{CF} - \pi_D^{CS} - W)(1-p) + (\pi_D^{TF} - \pi_D^{TS} - W)p] \tag{4-24}$$

由式（4－21）至式（4－24）可知，弱势群体采取抗争策略F的比例随时间的变化率 $\dot{q}$ 与弱势群体采取抗争策略和采取合作策略的期望收益差值幅度（$\prod_F - \prod_S$）呈正相关关系。

三　上级政府惩罚机制下演化稳定策略分析

由式（4－20）和式（4－24）可以得到一个强势群体与弱势群体构成的二维动力系统（Ⅱ）为：

$$\begin{cases} \dot{p} = p(1-p)[(\pi_H^{TS} - \pi_H^{CS} - W)(1-q) + (\pi_H^{TF} - \pi_H^{CF} - W)q] \\ \dot{q} = q(1-q)[(\pi_D^{CF} - \pi_D^{CS} - W)(1-p) + (\pi_D^{TF} - \pi_D^{TS} - W)p] \end{cases} \tag{4-25}$$

依据弗里德曼（1991）提出的方法，其二维动力系统平衡点的稳定性是由两个群体组成的二维动力系统的雅克比矩阵局部稳定性分析得到，该系统的雅克比矩阵为：

$$J = \begin{bmatrix} \partial\dot{p}/\partial p & \partial\dot{p}/\partial q \\ \partial\dot{q}/\partial p & \partial\dot{q}/\partial q \end{bmatrix}$$

$$=\begin{bmatrix}(1-2p)[(\pi_H^{TS}-\pi_H^{CS}-W)(1-q)+(\pi_H^{TF}-\pi_H^{CF}-W)q] \\ p(1-p)(\pi_H^{TF}-\pi_H^{CF}-\pi_H^{TS}+\pi_H^{CS}) \\ q(1-q)(\pi_D^{TF}-\pi_D^{TS}-\pi_D^{CF}+\pi_D^{CS}) \\ (1-2q)[(\pi_D^{CF}-\pi_D^{CS}-W)(1-p)+(\pi_D^{TF}-\pi_D^{TS}-W)p]\end{bmatrix} \tag{4-26}$$

依据式（4－26）得到该二维动力系统（Ⅱ）的行列式和迹分别为：

$$\det(J)=(1-2p)[(\pi_H^{TS}-\pi_H^{CS}-W)(1-q)+(\pi_H^{TF}-\pi_H^{CF}-W)q]\times(1-2q)[(\pi_D^{CF}-\pi_D^{CS}-W)(1-p)+(\pi_D^{TF}-\pi_D^{TS}-W)p]-q(1-q)(\pi_D^{TF}-\pi_D^{TS}-\pi_D^{CF}+\pi_D^{CS})\times p(1-p)(\pi_H^{TF}-\pi_H^{CF}-\pi_H^{TS}+\pi_H^{CS}) \tag{4-27}$$

$$\mathrm{tr}(J)=(1-2p)[(\pi_H^{TS}-\pi_H^{CS}-W)(1-q)+(\pi_H^{TF}-\pi_H^{CF}-W)q]+(1-2q)[(\pi_D^{CF}-\pi_D^{CS}-W)(1-p)+(\pi_D^{TF}-\pi_D^{TS}-W)p] \tag{4-28}$$

通过计算矩阵 J 在(0，0)、(0，1)、(1，0)、(1，1)和(p^*，q^*)这五个平衡点的行列式 det(J)和迹 tr(J)的值及符号，其中平衡点 $p^*=\frac{-\pi_D^{CF}+\pi_D^{CS}+W}{\pi_D^{CS}+\pi_D^{TF}-\pi_D^{CF}-\pi_D^{TS}}$，$q^*=\frac{-\pi_H^{TS}+\pi_H^{CS}+W}{\pi_H^{TF}+\pi_H^{CS}-\pi_H^{TS}-\pi_H^{CF}}$，由此判断出该二维动力系统的局部稳定性。

定理 4.4 当 W 满足条件 $W>\pi_H^{TS}-\pi_H^{CS}$ 且 $W>\pi_D^{CF}-\pi_D^{CS}$ 时，系统（Ⅱ）存在唯一的演化稳定策略 ESS 为（0，0）。

证明：对平衡点(0，0)、(0，1)、(1，0)、(1，1)和(p^*，q^*)这五个点分别进行判定讨论：

（1）（0，0）是系统(Ⅱ)ESS 的充要条件，满足 det(J) >0 且 tr(J) <0，即 $\det(J)=(\pi_H^{TS}-\pi_H^{CS}-W)(\pi_D^{CF}-\pi_D^{CS}-W)>0$ 且 $\mathrm{tr}(J)=(\pi_H^{TS}-\pi_H^{CS}-W)+(\pi_D^{CF}-\pi_D^{CS}-W)<0$，即可以得到：$W>\pi_H^{TS}-\pi_H^{CS}$ 且 $W>\pi_D^{CF}-\pi_D^{CS}$。

（2）在平衡点（0，1）处，行列式 $\det(J)=(\pi_H^{TF}-\pi_H^{CF}-W)(\pi_D^{CS}-\pi_D^{CF}+W)$，迹 $\mathrm{tr}(J)=(\pi_H^{TF}-\pi_H^{CF}-W)+(\pi_D^{CS}-\pi_D^{CF}+W)$。

当 $W > \pi_D^{CF} - \pi_D^{CS}$，此时$\pi_D^{CS} - \pi_D^{CF} + W > 0$；

当 $W > \pi_H^{TS} - \pi_H^{CS}$ 时，即将$\pi_H^{TS} = U - c_g - \gamma - \delta + \Delta U$ 与$\pi_H^{CS} = U$ 代入上式，可以得出：$-c_g - \gamma - \delta + \Delta U - W < 0$。同理，对$\pi_H^{TF} - \pi_H^{CF} - W$ 进行变换可以得到：$\pi_H^{TF} - \pi_H^{CF} - W = -c_g - \delta + \omega + \Delta U - W$。依据条件$-c_g - \gamma - \delta + \Delta U - W < 0$，可以得出：$-c_g - \delta + \omega + \Delta U - W < -\omega - \gamma < 0$，即$\pi_H^{TF} - \pi_H^{CF} - W < 0$。

由于$\pi_H^{TF} - \pi_H^{CF} - W < 0$，$\pi_D^{CS} - \pi_D^{CF} + W > 0$，此时 $\det(J) < 0$，不满足系统演化稳定策略条件，故(0，1)不是系统(Ⅱ)的 ESS。

（3）在平衡点（1，0）处，行列式 $\det(J) = (\pi_H^{CS} - \pi_H^{TS} + W)(\pi_D^{TF} - \pi_D^{TS} - W)$，迹 $tr(J) = (\pi_H^{CS} - \pi_H^{TS} + W) + (\pi_D^{TF} - \pi_D^{TS} - W)$。

当 $W > \pi_H^{TS} - \pi_H^{CS}$，此时$\pi_H^{CS} - \pi_H^{TS} + W > 0$；

当 $W > \pi_D^{CF} - \pi_D^{CS}$ 时，即将$\pi_D^{CF} = V - c_p + \Delta V$ 与$\pi_D^{CS} = V$ 代入上式，即可得出：$-c_p + \Delta V - W < 0$。同理，对$\pi_D^{TF} - \pi_D^{TS} - W$ 进行变换可以得到：$\pi_D^{TF} - \pi_D^{TS} - W = -c_p - \gamma - \omega + \Delta V - W$。通过依据上述条件$-c_p + \Delta V - W < 0$，可以得出：$-c_p - \gamma - \omega + \Delta V - W < -\omega - \gamma < 0$，即$\pi_D^{TF} - \pi_D^{TS} - W < 0$。

由于$\pi_H^{CS} - \pi_H^{TS} + W > 0$，$\pi_D^{TF} - \pi_D^{TS} - W < 0$，此时 $\det(J) < 0$，不满足系统演化稳定策略条件，故（1，0）不是系统（Ⅱ）的 ESS。

（4）在平衡点（1，1）处，行列式 $\det(J) = (\pi_H^{CF} - \pi_H^{TF} + W)(\pi_D^{TS} - \pi_D^{TF} + W)$，迹 $tr(J) = (\pi_H^{CF} - \pi_H^{TF} + W) + (\pi_D^{TS} - \pi_D^{TF} + W) = -(\pi_H^{TF} - \pi_H^{CF} - W) - (\pi_D^{TF} - \pi_D^{TS} - W)$。

当 $W > \pi_H^{TS} - \pi_H^{CS}$ 时，即将$\pi_H^{TS} = U - c_g - \gamma - \delta + \Delta U$ 与$\pi_H^{CS} = U$ 代入上式，即可得出：$-c_g - \gamma - \delta + \Delta U - W < 0$。同理，对$\pi_H^{TF} - \pi_H^{CF} - W$ 进行变换可以得到：$\pi_H^{TF} - \pi_H^{CF} - W = -c_g - \delta + \omega + \Delta U - W$。依据以上条件$-c_g - \gamma - \delta + \Delta U - W < 0$，可以得出：$-c_g - \delta + \omega + \Delta U - W < -\omega - \gamma < 0$，即$\pi_H^{TF} - \pi_H^{CF} - W < 0$；

当 $W > \pi_D^{CF} - \pi_D^{CS}$ 时，即将$\pi_D^{CF} = V - c_p + \Delta V$ 与$\pi_D^{CS} = V$ 代入上式，即可得出：$-c_p + \Delta V - W < 0$。同理，对$\pi_D^{TF} - \pi_D^{TS} - W$ 进行变换可以

得到：$\pi_D^{TF}-\pi_D^{TS}-W=-c_p-\gamma-\omega+\Delta V-W$。依据上述条件 $-c_p+\Delta V-W<0$，可以得出：$-c_p-\gamma-\omega+\Delta V-W<-\omega-\gamma<0$，即 $\pi_D^{TF}-\pi_D^{TS}-W<0$。

由于 $\pi_H^{TF}-\pi_H^{CF}-W<0$，$\pi_D^{TF}-\pi_D^{TS}-W<0$，此时 $tr(J)>0$，不满足系统演化稳定策略条件，故(1，1)不是系统（Ⅱ）的 ESS。

（5）在平衡点(p^*,q^*)处，将平衡点(p^*,q^*)代入系统(Ⅱ)行列式和迹，其中：$p^*=\frac{-\pi_D^{CF}+\pi_D^{CS}+W}{\pi_D^{CS}+\pi_D^{TF}-\pi_D^{CF}-\pi_D^{TS}}$，$q^*=\frac{-\pi_H^{TS}+\pi_H^{CS}+W}{\pi_H^{TF}+\pi_H^{CS}-\pi_H^{TS}-\pi_H^{CF}}$。此时可以得到：

行列式 $det(J)<0$，迹 $tr(J)=0$。显然不满足系统演化稳定策略条件，故(p^*,q^*)不是系统（Ⅱ）的 ESS。

由以上分析可以得出，当 $W>\pi_H^{TS}-\pi_H^{CS}$ 且 $W>\pi_D^{CF}-\pi_D^{CS}$ 时，（0，0）是系统（Ⅱ）的唯一演化稳定策略。

定理 4.4 表明：当上级政府惩罚 W 满足条件 $W>\pi_H^{TS}-\pi_H^{CS}$ 且 $W>\pi_D^{CF}-\pi_D^{CS}$，即 $W>-c_g-\gamma-\delta+\Delta U$ 且 $W>-c_p+\Delta V$ 时，这表明当惩罚力度高于强势群体采取强硬策略获得的收益与其行动成本、信誉损失成本和对弱势群体补偿成本之差值，且同时高于弱势群体采取抗争策略获得收益与其行动成本差值时，此时两个异质群体都会选择合作策略，放弃强硬对抗策略。

在实际群体性突发事件中，由于存在着信息不对称，导致强势群体与弱势群体这两个异质群体的收益及行动成本等都存在很大的不确定性，这对上级政府制定合理的惩罚机制提出了考验。因此，需结合以上定理结论提出科学的惩罚机制，避免双方发生冲突。

第四节　情景仿真分析

假设在城市拆迁过程中参与群体包括政府部门（强势群体）与被拆迁住户（弱势群体），强势群体拆迁后能获得收益 U = 20，弱

势群体获得收益 $V = 18$。情景分析是对事件的不同演化状态进行探讨，模拟两类异质性群体在不同情景下的演化过程。通过时间 T 的变化进行情景推演模拟，观察两类异质性群体随着时间变动对两类群体策略演化的影响。

情景 1：上级政府未惩罚下的强势群体与弱势群体策略演化。

由于（合作，合作）策略与（强硬，抗争）策略是群体决策的两个重要方面，尤其采取（强硬，对抗）策略容易造成强势群体与弱势群体双方发生冲突，进而引发群体性突发事件。因此，本书将着重对这两个策略演化进行情景仿真分析。

1. 强势群体与弱势群体采取（合作，合作）策略演化

假定强势群体通过采用强硬策略获得 $\Delta U = 7$ 的额外收益，同时因采用强硬策略会造成强势群体信誉损失为 $\delta = 6$，对采取妥协策略的弱势群体会提供 $\gamma = 2$ 的补偿，对采取抗争策略弱势群体进行 $\omega = 3$的处罚，事件激化后的处置成本 $\Delta l = 3$。弱势群体通过采用抗争策略获得 $\Delta V = 3$ 的额外收益。强势群体与弱势群体采取策略行动成本分别为$c_g = 5$，$c_p = 5$。初始状态强势群体与弱势群体选择强硬抗争策略的比例分别为 $p_0 = 0.5$，$q_0 = 0.3$。

这时，$c_g + \delta - \Delta U > \omega$，$-c_p + \Delta V < 0$ 满足定理 4.1 条件，强势群体与弱势群体最终演化至采取合作策略，时间段 T 取值［0，100］，仿真过程如图 4－7 所示。图中横坐标 Time 表示时间段，纵坐标 Fraction 表示两类异质性群体采取强硬抗争策略的比例。

从图 4－7 可以看出，当满足条件 $c_g + \delta - \Delta U > \omega$，$-c_p + \Delta V < 0$，即强势群体采取强硬策略的成本与信誉损失成本超过其获得收益及对采取抗争策略的弱势群体惩罚成本之和，并且弱势群体通过抗争获得收益小于其采取抗争成本时，两个异质群体将最终选择(合作,合作)策略。

为了分析两类异质性群体在初始状态选择策略比例不同情况下的策略演化，这里对强势群体初始比例 p_0 分别取值：$p_0 = 0.3$，$p_0 = 0.5$，$p_0 = 0.8$，仿真过程如图 4－8 所示，时间段 T 取值［0,100］，

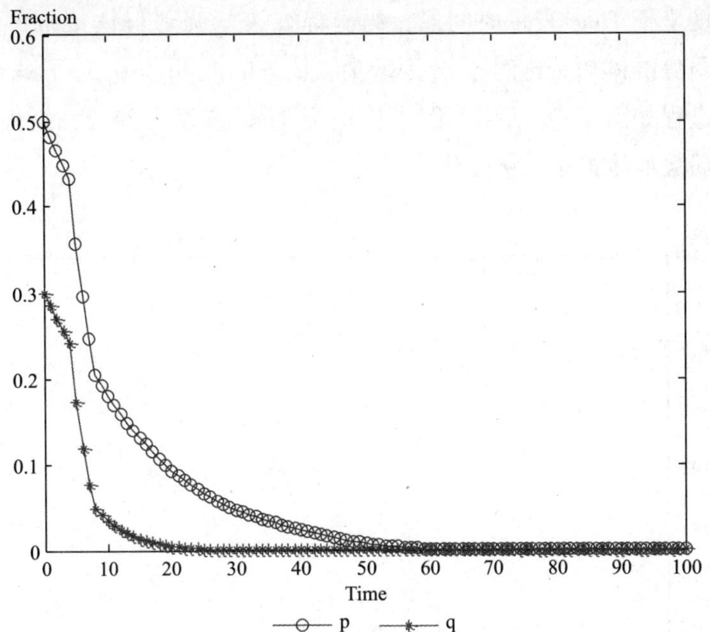

图 4－7　强势群体与弱势群体采取（合作，合作）策略演化过程

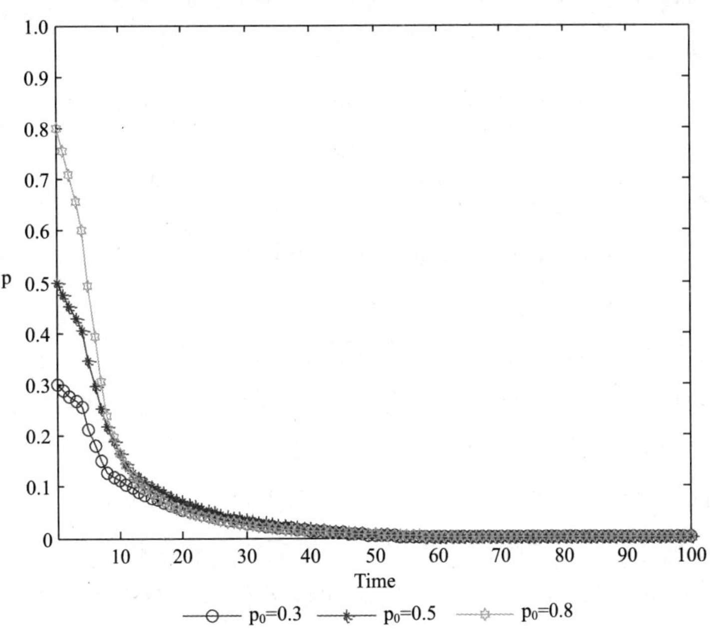

图 4－8　强势群体采取合作策略演化过程

图中横坐标 Time 表示时间段，纵坐标 q 表示强势群体策略比例变化。弱势群体初始比例 q_0 分别取值：$q_0 = 0.3$，$q_0 = 0.5$，$q_0 = 0.8$，仿真过程如图 4 - 9 所示，图中横坐标 Time 表示时间段，纵坐标 q 表示弱势群体策略比例变化。

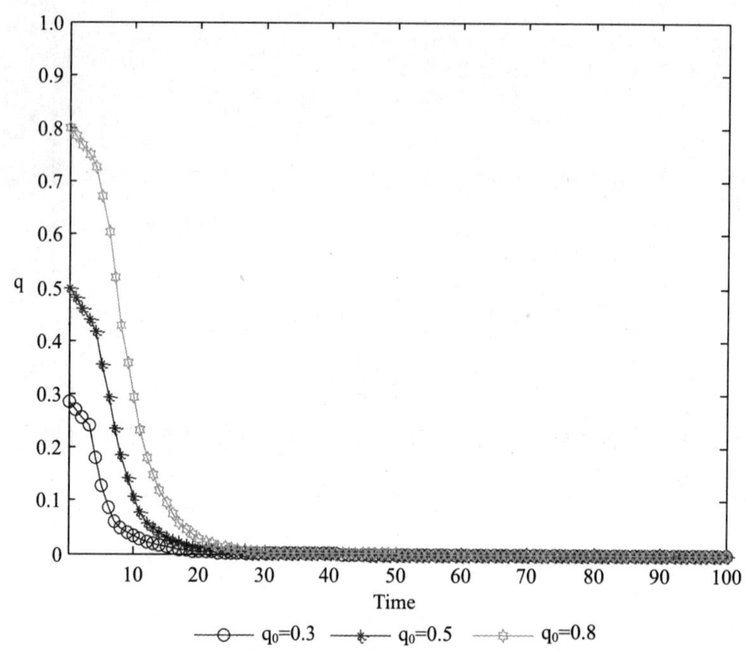

图 4 - 9　弱势群体采取合作策略演化过程

从图 4 - 9 可以看出，当弱势群体初始比例 $q_0 = 0.3$、$q_0 = 0.5$ 和 $q_0 = 0.8$ 时，弱势群体演化至稳定策略时间分别是 T = 45，T = 48，T = 53。这表明随着弱势群体初始比例 q_0 增大，弱势群体演化至均衡策略时间也增多。从图 4 - 8 可以看出，当强势群体初始比例 $p_0 = 0.3$、$p_0 = 0.5$ 和 $p_0 = 0.8$ 时，强势群体演化至稳定策略时间分别是 T = 76，T = 80，T = 81。这表明随着强势群体初始比例 p_0 增大，强势群体演化至均衡策略时间也增多。对于强势群体来说，当其策略选择初始比例 p_0 超过 0.5 时，演化至均衡策略时间变化不再显著。对比图4－8和图4－9，可以发现两个异质群体在初始状态策略选择比例相同情况下，弱势群体均比强势群体更快演化至均衡策略。

2. 强势群体与弱势群体采取（强硬，抗争）策略演化

假定强势群体通过采用强硬策略获得 $\Delta U=15$ 的额外收益，同时因采用强硬策略会造成强势群体信誉损失为 $\delta=6$，对采取妥协策略的弱势群体会提供 $\gamma=2$ 的补偿，对采取抗争策略弱势群体进行 $\omega=3$ 的处罚，事件激化后的处置成本 $\Delta l=3$。弱势群体通过采用强硬策略获得 $\Delta V=9$ 的额外收益。强势群体与弱势群体采取策略行动成本分别为 $c_g=5$，$c_p=3$。初始状态强势群体与弱势群体选择强硬抗争策略的比例分别为：$p_0=0.5$，$q_0=0.3$。

这时，$c_g+\gamma+\delta<\Delta U$，$c_p+\gamma+\omega<\Delta V$ 满足定理4.3条件，强势群体与弱势群体最终演化至采取（强硬，抗争）策略，时间段 T 取值[0，100]，仿真过程如图4－10所示。图4－10中横坐标 Time 表示时间段，纵坐标 Fraction 表示两类异质性群体采取强硬抗争策略的比例。

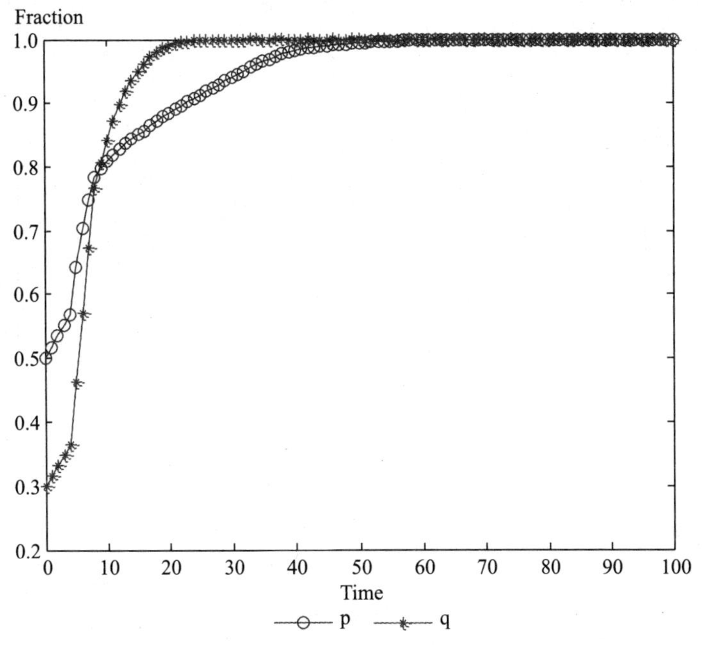

图4－10　强势群体与弱势群体采取（强硬，抗争）策略演化过程

从图 4 - 10 可以看出，当满足条件 $c_g+\gamma+\delta<\Delta U$ 和 $c_p+\gamma+\omega<\Delta V$，即强势群体采取强硬策略的收益超过其行动成本、信誉损失与提供补偿成本之和，且弱势群体通过抗争获得收益超过其行动成本、获得补偿及支付惩罚成本时，两个异质群体都会放弃合作策略，将最终选择（强硬，抗争）策略。

同理，为了分析两类异质性群体在初始状态选择策略比例不同情况下的策略演化，这里对弱势群体初始比例 q_0 分别取值：$q_0=0.3$，$q_0=0.5$，$q_0=0.8$，时间段 T 取值［0，100］，仿真过程如图 4 - 11 所示，图 4 - 11 中横坐标 Time 表示时间段，纵坐标 q 表示弱势群体策略比例变化。强势群体初始比例 p_0 分别取值：$p_0=0.3$，$p_0=0.5$，$p_0=0.8$，仿真过程如图 4 - 12 所示，图 4 - 12 中横坐标 Time 表示时间段，纵坐标 p 表示强势群体策略比例变化。

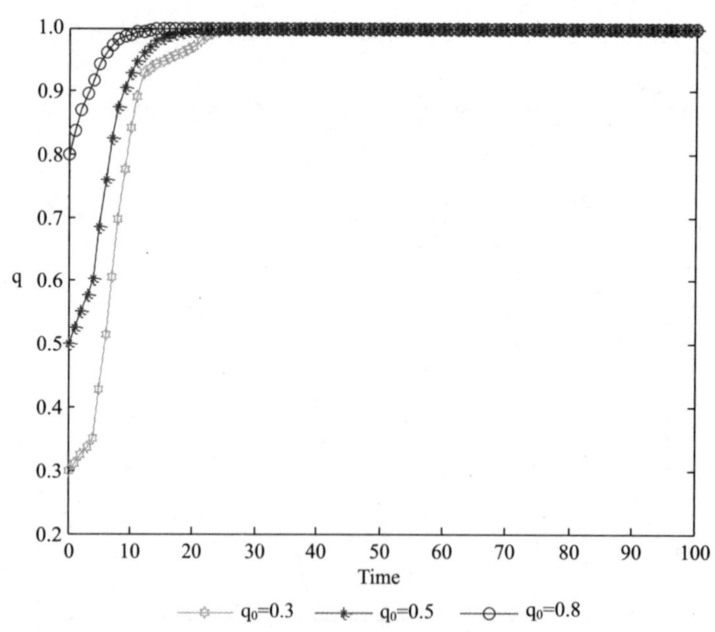

图 4 - 11　弱势群体抗争策略演化过程

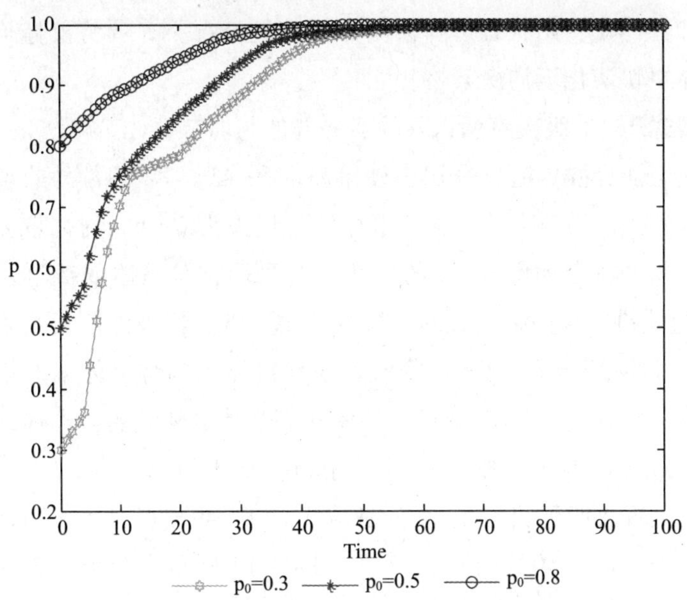

图 4－12 强势群体强硬策略演化过程

从图 4－11 可以看出，当弱势群体初始比例 $q_0=0.3$、$q_0=0.5$ 和 $q_0=0.8$ 时，弱势群体演化至均衡策略时间分别是 T＝36，T＝28，T＝23。这表明随着弱势群体初始比例 q_0 增大，弱势群体演化至均衡策略时间减少。从图 4－12 可以看出，当强势群体初始比例 $p_0=0.3$、$p_0=0.5$ 和 $p_0=0.8$ 时，强势群体演化至稳定策略时间分别是T＝99，T＝93，T＝82。这表明随着强势群体初始比例 p_0 增大，强势群体演化至均衡策略时间也减少。对比图 4－11 与图 4－12，可以发现两个异质群体在初始状态策略选择比例相同情况下，弱势群体均比强势群体更快演化至均衡策略。

综合以上情景推演结果分析，可以发现两个异质性群体策略演化速度与策略选择初始比例有直接关系。当选择（合作，合作）策略时，强势群体与弱势群体随着初始比例 p_0、q_0 增大，其演化至均衡策略时间增多；当选择（强硬，抗争）策略时，强势群体与弱势群体随着初始比例 p_0、q_0 增大，其演化至均衡策略时间减少。两个异质性群体在初始状态选择策略比例相同情况下，弱势群体均比强势群体更快演化至均衡策略。

情景 2： 上级政府惩罚下的强势群体与弱势群体策略演化。

假定强势群体通过采用强硬策略获得 $\Delta U = 22$ 的额外收益，同时因采用强硬策略会造成强势群体信誉损失为 $\delta = 6$，对采取妥协策略的弱势群体会提供 $\gamma = 2$ 的补偿，对采取抗争策略弱势群体进行 $\omega = 3$的处罚，事件激化后的处置成本 $\Delta l = 3$。弱势群体通过采用抗争策略获得 $\Delta V = 19$ 的额外收益。强势群体和弱势群体采取策略行动成本分别为 $c_g = 5$ 和 $c_p = 5$。初始状态强势群体和弱势群体选择强硬抗争策略的比例分别为 $p_0 = 0.5$ 和 $q_0 = 0.3$。

对上级政府惩罚力度 W 分别取 W = 1，W = 15，W = 25，时间段 T 取值［0，150］，仿真过程如图 4 - 13 所示。图 4 - 13 中横坐标 q 表示弱势群体策略比例，纵坐标 p 表示强势群体策略比例。

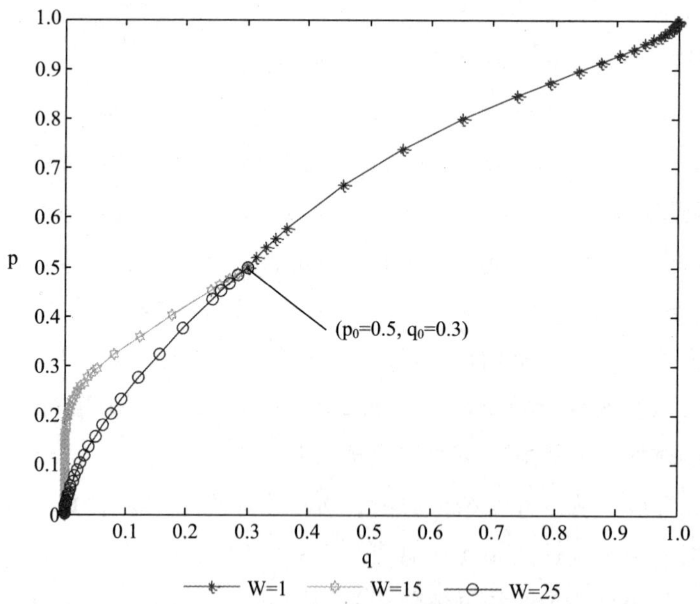

图 4 - 13　在惩罚 W = 1、W = 15 和 W = 25 不同取值下两类群体策略演化过程

图4－13显示，当惩罚较小（W＝1）时，惩罚力度对强势群体与弱势群体策略演化影响不显著，其最终都会选择强硬抗争策略；当惩罚W＝15时，其满足条件 $W>\pi_H^{TS}-\pi_H^{CS}$ 且 $W>\pi_D^{CF}-\pi_D^{CS}$，即W＞9且W＞14，此时强势群体与弱势群体最终都将选择合作策略，放弃强硬抗争策略，避免发生暴力冲突。

为了对比分析两类异质性群体在未引入惩罚机制状态与施加惩罚后的策略演化状态，这里对惩罚力度W分别取值：W＝0，W＝15。其中W＝0表示未施加上级政府惩罚，在时间段T＝10开始施加W＝15的惩罚。对强势群体与弱势群体初始比例 p_0、q_0 分别取值：$p_0=0.5$，$q_0=0.3$，时间段T取值［0，150］，仿真过程如图4－14所示，图4－14中横坐标Time表示时间段，纵坐标Fraction表示两类异质性群体策略比例。

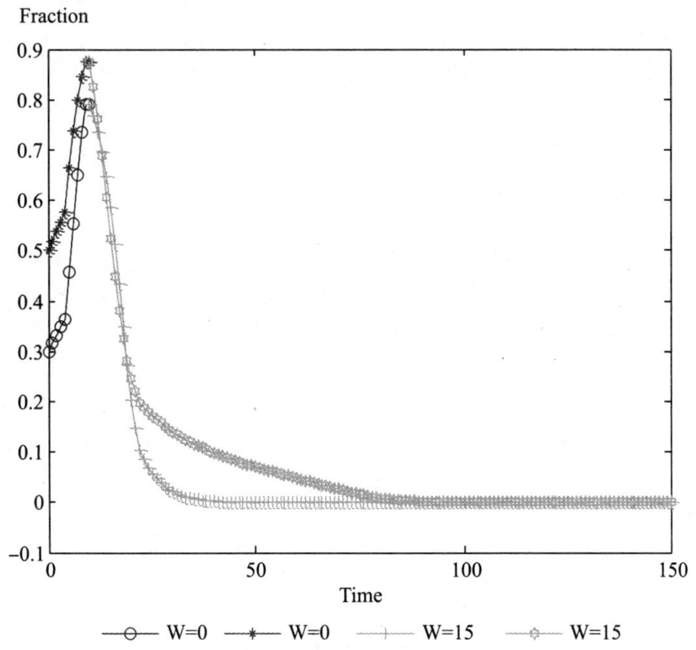

图4－14　惩罚W＝0和W＝15下两类群体策略演化过程

图4－14显示出，当未施加上级政府惩罚（W＝0）时，强势群

体与弱势群体选择强硬抗争策略的比例不断增加。而在时间 T = 10 时施加 W = 15 的惩罚后，可以发现两个异质性群体选择强硬对抗策略的比例下降显著，这表明上级政府施加一定的惩罚能够有效地促使强势群体与弱势群体双方都选择合作策略，放弃强硬对抗。

接下来需要分析随着惩罚力度增大对弱势群体与强势群体策略演化的不同影响。这里对惩罚力度 W 分别取值：W = 15，W = 20，W = 25。强势群体与弱势群体初始比例 p_0、q_0 分别取值：p_0 = 0.5，q_0 = 0.5，时间段 T 取值［0，150］，仿真过程如图 4 - 15、图 4 - 16 所示，图中横坐标 Time 表示时间段，纵坐标 p、q 分别表示强势群体与弱势群体策略比例。

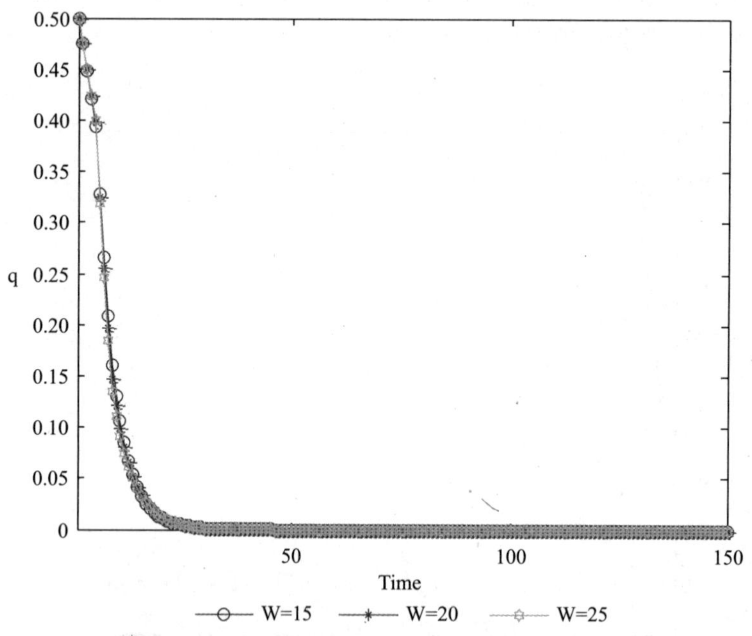

图 4 - 15　在惩罚 W = 15、W = 20 和 W = 25 不同取值下弱势群体策略选择演化过程

从图 4 - 15 可以看出，随着上级政府惩罚 W 取值增大，弱势群体演化至均衡策略时间并未变化（演化时间均为 T = 47）。这表明随着施加惩罚增大，对弱势群体策略演化影响并不显著。从图 4－16 可以看出，随着上级政府惩罚 W 取值增大，强势群体演化至均衡策略时间显著减少（如 W＝15 时，演化时间 T＝105；W＝20 时，演化时间 T＝67；W＝25 时，演化时间 T＝59）。当惩罚 W 从 15 增大到 20 时，演化时间 T 明显地从 105 减少到 67，这表明随着施加惩罚增大，对强势群体策略演化影响显著，会有效地促使强势群体更快放弃强硬策略，选择合作策略。

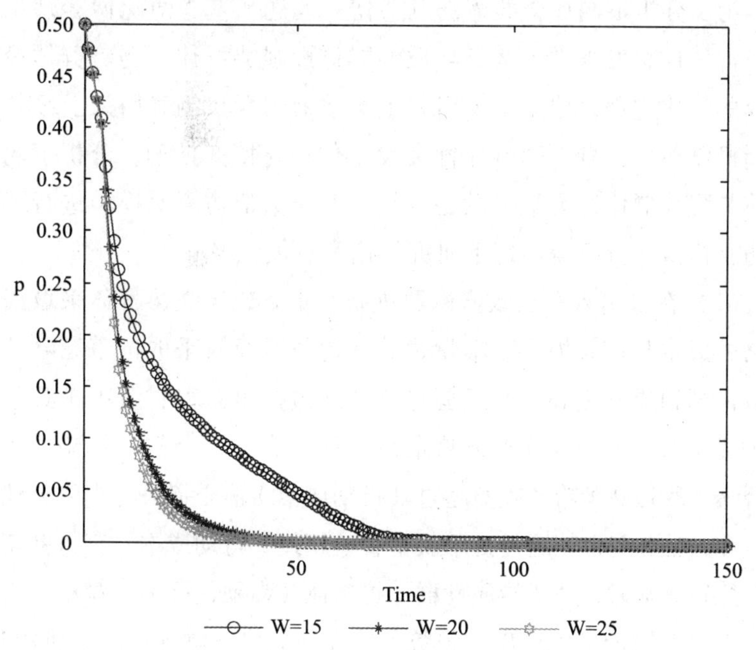

图 4－16　在惩罚 W＝15、W＝20 和 W＝25 不同取值下强势群体策略选择演化过程

通过惩罚力度增大对强势群体与弱势群体策略演化的情景仿真结果表明：与弱势群体相比，由于基层政府等强势群体考虑到自身公信力等信誉政绩方面的影响，为了避免上级政府高惩罚带来的负面影响损失，降低事件对其公信度形象的不利影响，因此，强势群体会更快地选择合作策略。而弱势群体处于社会弱势地位，其考虑行为策略较为单一，在惩罚高于其获得的收益时，就会放弃暴力抗争策略，即使随着惩罚力度增大弱势群体仍会维持原来的策略选择过程，所以高惩罚对其策略演化影响并不显著。

本章小结

为了分析不同社会群体的利益博弈问题，基于演化博弈理论研究了群体性突发事件中两类异质性群体即强势群体与弱势群体策略选择的演化过程，建立了未引入上级政府惩罚机制和引入上级政府惩罚机制两种情景下的群体性突发事件演化博弈模型，分析了弱势群体与强势群体行为策略的稳定性。基于数值仿真对模型进行了情景仿真模拟，分析得出以下研究结论及对策建议：

（1）在未引入上级政府惩罚机制情景下，当强势群体采取强硬策略的成本与信誉损失成本超过其获得收益及对采取抗争策略的弱势群体惩罚成本之和，并且弱势群体通过抗争获得收益小于其采取抗争成本时，两个异质群体将最终选择（合作，合作）策略；当强势群体采取强硬策略的收益超过其行动成本、信誉损失与提供补偿成本之和，且弱势群体通过抗争获得收益超过其行动成本、获得补偿及支付惩罚成本时，两个异质性群体将选择（强硬，抗争）策略。

由以上结论可以看出，强势群体在与弱势群体进行利益博弈时，当其通过强硬策略获取利益较大时，受到利益的驱使容易采取强硬策略。而当强势群体采取强硬策略成本和信誉损失较大时，则会放弃强硬策略。因此，需要加强对基层政府等强势群体的信誉公信力等考核，促使其尽量避免采取强硬策略造成的政府公信力降低，并积极与弱势群体采取协商沟通的方式，重视其利益诉求。同时，应提高对采取合作策略的弱势群体的奖励，并对采取打砸等暴力行为的群体加大惩罚力度，保障弱势群体的合法利益。

（2）两个异质性群体策略演化速度与策略选择初始比例有直接

关系。当选择（合作，合作）策略时，强势群体与弱势群体随着初始比例 p_0、q_0 增大，其演化至均衡策略时间增多；当选择（强硬，抗争）策略时，强势群体与弱势群体随着初始比例 p_0、q_0 增大，其演化至均衡策略时间减少。两个异质性群体在初始状态选择策略比例相同情况下，弱势群体均比强势群体更快演化至均衡策略。

结合上述结论，可以发现当群体中采取强硬抗争策略比例较大时，容易造成群体暴力冲突事件。这就要求在群体性突发事件发生初期，应该尽量降低群体中强硬抗争意向的群体比例，对群体中强硬抗争意向的个体进行沟通劝阻，通过谈判合作的方式解决群体间的矛盾。由于弱势群体其掌握资源相对较低，且处于弱势地位，表达利益诉求的能力较低，因此其更容易采取极端方式表达其诉求。因此，需要拓宽弱势群体的利益表达渠道，保持诉求渠道的畅通，及时了解弱势群体的意见需求，最大限度地将问题扼杀在暴力冲突发生之前，从而维持社会的稳定。

（3）在引入上级政府惩罚机制情景下，当上级政府惩罚力度高于强势群体采取强硬策略获得的收益与其行动成本、信誉损失成本和对弱势群体补偿成本之差值，且同时高于弱势群体采取抗争策略获得收益与其行动成本差值时，两个异质性群体都将放弃强硬对抗策略，最终选择合作策略；随着施加的惩罚增大，对弱势群体策略演化不再显著，而对强势群体策略演化影响却显著增加。

这表明引入上级政府的惩罚机制在满足一定条件下能够促使强势群体与弱势群体最终放弃强硬对抗。所以，上级政府应结合当地地方的实际情况，制定合理的针对群体暴力事件的惩罚机制，从而避免双方发生激烈冲突，导致危害社会安全稳定的事件发生。同时可以发现，随着惩罚力度加大，强势群体会更快地选择合作策略。这就要求上级政府在对基层政府等强势群体制定相应惩罚机制时，应适度地提高惩罚，包括加大对其公信度形象、预警能力、现场处理能力、信息沟通能力等方面的考察力度，促使其进一步改进工作能力，提高解决矛盾问题的能力。

第五章　不同社会网络结构下群体性突发事件演化博弈模型

第四章对群体性突发事件异质性群体的演化博弈问题进行了研究，但主要是在均质社会网络结构下分析群体性突发事件的演化问题，没有考虑不同社会网络的拓扑结构对群体性突发事件群体策略的演化影响，以及进一步研究网络中个体博弈与群体结构的协同演化模型问题。基于上述问题，本章将对不同社会网络结构下群体性突发事件的演化问题进行分析。

本章分为四节，在第一节研究背景和问题提出的基础上，对本书研究问题模型作了基本假设，构建网络中个体与其相邻个体间的演化博弈模型（第二节），并基于复杂网络上演化博弈动力学理论，分析了 WS 小世界网络和 BA 无标度网络两类复杂网络中个体间的演化博弈策略（第三节），接着基于情景仿真模拟分析得到了本书的研究结果（第四节），最后对本章的研究工作做了总结并基于研究结论提出相应的对策建议。

第一节　问题提出与模型假设

真实的社会网络结构多表现为小世界网络、无标度网络等复杂网络特性（Hauert et al. ，2002）。社会网络的拓扑结构会对个体的行为策略产生影响，因此针对社会群体网络结构进行演化分析已经成为当前研究的重点（Ohtsuki et al. ，2006）。休曼和普罗文（Human and Provan，2000）分析了社会网络的演化过程，并探讨了网络交互对社会网络拓扑结构的作用机制。Lieberman、Hauert 和 Nowak（2005）采用数值模拟“囚徒困境”在小世界网络、无标度网络上的演化过程，研究了网络上的合作行为规律。Eguíluz 等（2005）通过大量的计算机模拟，探讨了网络中不同角色的个体在网络中所起到的作用，节点度大且处于领导地位的节点能够对维持网络的合作稳定起到重要的作用，但随着网络的演化其领导作用也会随之发生改变。Fu 等（2007）基于实证分析了社交熟人间的网络特性，研究表明现实中的社交网络具有小世界和无标度特性，并且发现与网络中节点度大的点连接能够提高合作水平，保持合作的稳定性。同时发现网络的演化会受到网络间节点结合效应即社交网络中人与人之间连接拓扑关系的影响。伯特（Burt，2009）对网络中相邻两个个体的信息交流进行了探讨，发现处于信息优势地位的个体会具有对信息交流的控制地位，表明信息优势对网络个体之间交流的重要性。

尽管一些文献对个体行为与社会网络结构演化做了相关研究（Santos，Pacheco and Lenaerts，2006；Hanaki，Peterhansl and Dodds，2007），但针对群体性突发事件演化中的个体博弈与群体网络结构协同演化涉及较少。刘德海和王维国（2012）研究了社会弱势群体网络中群体策略与网络结构的演化机制，但缺乏进一步研究网络的异质性对均衡策略演化的影响。实际的社会群体网络会表现出不同的拓扑结构：具有“小世界效应”的社会网络中任意两点之间存在相对较短的路径，例如，出租车罢运群体性突发事件中出租车司机组成的人际网络等，出租车司机之间通过较短的路径彼此联系共享信息，易发生“抱团”现象；而具有无标度网络特性的社会网络中往往存在大量节点度很小的节点，同时也存在少量节点度大的节点，例如，被征地普通村民组成的人际网络等，在农村人际网络中会存在少数关系网大节点度高的个体，其会对其他个体具有较大的影响力和号召力，易形成群体联盟。因此，需要基于复杂网络和演化博弈视角研究不同的社会网络结构对群体性突发事件演化的影响规律。

基于上述问题背景，对研究问题模型做如下假设：

H5－1：考虑一个社会弱势群体，将弱势群体社会网络中人群分为个体 A 类与个体 B 类两类。这两类个体随机地进行配对，个体 A 与其随机邻居个体 B 进行交互博弈。其中在与强势群体争夺某种社会资源时，假如个体 A 有抗争意向，对其邻居个体 B 可以采取说服 L 或者不说服 N 两种策略，个体 A 策略集合即 $ST_A = \{L, N\}$，而个体 B 可以选择的策略是接受 K 或者不接受 X 两种策略，个体 B 策略集合即 $ST_B = \{K, X\}$。在个体间博弈过程中，假设个体 A 采取不说服策略 N 的比例为 p，则采取说服策略 L 的比例为 1－p，$p \in [0, 1]$；邻居个体 B 采取不接受策略 X 的比例为 q，采取接受策略 K 的比例为 1－q，$q \in [0, 1]$。

H5－2：针对上述博弈策略，在进行策略博弈过程中的每一次，个体 A 与其邻居个体 B 的博弈收益都由这两个个体所选择的策略共同决定：

（1）当个体 A 对其邻居个体 B 采取说服策略时，若个体 B 接受个体 A 的说服并采取与个体 A 同样的策略时，个体 A 除了其自身的固定收益 Q，还会获得说服其邻居个体 B 成功后的额外收益 Δq，同时个体 A 会付出此次博弈过程中说服的成本 C，个体 B 的收益为 H_K；若个体 B 不接受个体 A 的说服，并且采取了与个体 A 相反的策略时，个体 A 的收益是由其自身的固定收益 Q 与说服的成本 C 构成，个体 B 会获得采取与个体 A 相反的策略收益 H_X。

（2）当个体 A 对其邻居个体 B 采取不说服策略时，若个体 B 盲目接受并采取与个体 A 同样的策略，会由于其盲目性可能造成被欺骗，给个体 B 带来一定的损失 ϕ，则个体 B 的收益为 $H_K - \phi$，个体 A 获得的收益为 Q；若个体 B 理性地不接受，并且采取了与个体 A 相反的策略时，个体 A 的收益为 Q，个体 B 会获得收益 H_X。

根据以上分析，可以得到个体 A 与个体 B 博弈收益矩阵，如表 5－1 所示。

表 5-1　个体间博弈收益矩阵

个体 A	个体 B	
	接受策略 K	不接受策略 X
说服策略 L	$Q+\Delta q-C$，H_K	$Q-C$，H_X
不说服策略 N	Q，$H_K-\phi$	Q，H_X

第二节　模型建立

一　不同个体的复制动态方程与均衡分析

（一）个体 A 的复制动态方程与均衡分析

个体 A 采取说服策略 L 和不说服策略 N 的期望收益分别为：

$$\Pi_L=(Q+\Delta q-C)(1-q)+(Q-C)q \tag{5-1}$$

$$\Pi_N=Q(1-q)+Qq \tag{5-2}$$

则个体 A 的平均收益为：

$$\Pi_A=\Pi_L(1-p)+\Pi_N p \tag{5-3}$$

个体 A 的演化博弈复制动态方程为：

$$\begin{aligned}\dot{p}&=(\Pi_N-\Pi_A)p\\&=(\Pi_N-\Pi_L)p(1-p)\\&=p(1-p)[(C-\Delta q)+\Delta q\cdot q]\end{aligned} \tag{5-4}$$

由式（5-1）—式（5-4）可知，个体 A 采取不说服策略 N 的比例随时间的变化率 $\dot{p}$ 与个体 A 采取不说服策略的期望收益和采取说服策略的期望收益差值幅度（$\Pi_N-\Pi_L$）呈正相关关系。

令 $F(p)=\dot{p}$：

（1）若 $q=\dfrac{\Delta q-C}{\Delta q}$，则 $F(p)\equiv 0$，这表示所有 y 轴水平状态都是稳定状态；

(2) 若 $q \neq \frac{\Delta q - C}{\Delta q}$，令 $F(p) = 0$，可以得到 p 的两个稳定点为：$p_1^* = 0$，$p_2^* = 1$。对 $F(p)$ 求导得到：

$$\dot{F}(p) = (1-2p)[(C-\Delta q)+\Delta q \cdot q] \qquad (5-5)$$

由于演化稳定策略 ESS 要求 $\dot{F}(p) < 0$，根据假设，可知 $\Delta q > 0$，则对 $\Delta q - C$ 分以下几种情况进行讨论：

①$\Delta q - C < 0$，即 $\frac{\Delta q - C}{\Delta q} < 0$，恒有 $q > \frac{\Delta q - C}{\Delta q}$，则 $p_2^* = 1$ 是 ESS，此时个体 A 会选择不说服策略。

②若 $0 < \Delta q - C < \Delta q$，分两种情况：

a) 当 $q > \frac{\Delta q - C}{\Delta q}$ 时，$\dot{F}(p)|_{p_1^* = 0} > 0$，$\dot{F}(p)|_{p_2^* = 1} < 0$，则 $p_2^* = 1$ 是稳定点；

b) 当 $q < \frac{\Delta q - C}{\Delta q}$ 时，$\dot{F}(p)|_{p_1^* = 0} < 0$，$\dot{F}(p)|_{p_2^* = 1} > 0$，则 $p_1^* = 0$ 是稳定点。

③若 $\Delta q - C > \Delta q$ 时，即 $\frac{\Delta q - C}{\Delta q} > 1$，恒有 $q < \frac{\Delta q - C}{\Delta q}$，则 $p_1^* = 0$ 是 ESS，此时个体 A 会选择说服策略。

由以上分析，可以得到个体 A 演化博弈复制动态演化趋势，如图 5-1 所示。

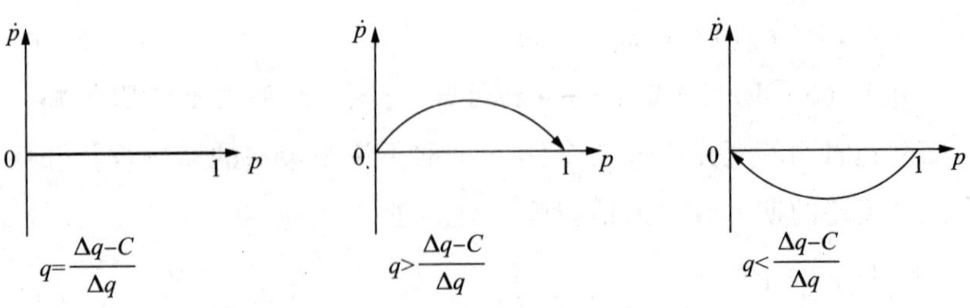

图 5-1 个体 A 演化博弈复制动态相位

（二）个体 B 的复制动态方程与均衡分析

个体 B 采取接受策略 K 和不接受策略 X 的期望收益分别为：

$$\Pi_K = H_K(1-p) + (H_K - \phi)p \tag{5-6}$$

$$\Pi_X = H_X(1-p) + H_X p \tag{5-7}$$

则个体 B 的平均收益为：

$$\Pi_B = \Pi_K(1-q) + \Pi_X q \tag{5-8}$$

个体 B 的演化博弈复制动态方程为：

$$\begin{aligned} \dot{q} &= (\Pi_X - \Pi_B)q \\ &= (\Pi_X - \Pi_K)q(1-q) \\ &= q(1-q)[(H_X - H_K) + \phi p] \end{aligned} \tag{5-9}$$

由式（5－6）至式（5－9）可知，个体 B 采取不接受策略 X 的比例随时间的变化率 $\dot{q}$ 与个体 B 采取不接受策略的期望收益和采取接受策略的期望收益差值幅度（$\Pi_X - \Pi_K$）呈正相关关系。

令 $F(q) = \dot{q}$：

（1）若 $p = \frac{H_K - H_X}{\phi}$，则 $F(q) \equiv 0$，这表示所有 y 轴水平状态都是稳定状态；

（2）若 $p \neq \frac{H_K - H_X}{\phi}$，令 $F(q) = 0$，可以得到 q 的两个稳定点为：$q_1 = 0$，$q_2 = 1$。对 $F(q)$ 求导得到：

$$\dot{F}(q) = (1-2q)[(H_X - H_K) + \phi p] \tag{5-10}$$

由于演化稳定策略 ESS 要求 $\dot{F}(q) < 0$，根据假设可知 $\phi > 0$，则对 $H_K - H_X$ 分以下几种情况进行讨论：

①$H_K - H_X < 0$，即 $\frac{H_K - H_X}{\phi} < 0$，恒有 $p > \frac{H_K - H_X}{\phi}$，则 $q_1 = 1$ 是 ESS，此时个体 B 会选择不接受策略。

②$0 < H_K - H_X < \phi$，分两种情况：

a）当 $p > \frac{H_K - H_X}{\phi}$ 时，$\dot{F}(q)|_{q_1^* = 0} > 0$，$\dot{F}(q)|_{q_2^* = 1} < 0$，

则 $q_1 = 1$ 是稳定点；

b）当 $p < \frac{H_K - H_X}{\phi}$ 时，$\dot{F}(q)|_{q_1^* = 0} < 0$，$\dot{F}(q)|_{q_2^* = 1} > 0$，则 $q_2 = 0$ 是稳定点。

③若 $H_K - H_X > \phi$ 时，即 $\frac{H_K - H_X}{\phi} > 1$，恒有 $p < \frac{H_K - H_X}{\phi}$，则 $q_2 = 0$ 是 ESS，此时个体 B 会选择接受策略。

由以上分析，可以得到个体 B 演化博弈复制动态演化趋势，如图 5－2 所示。

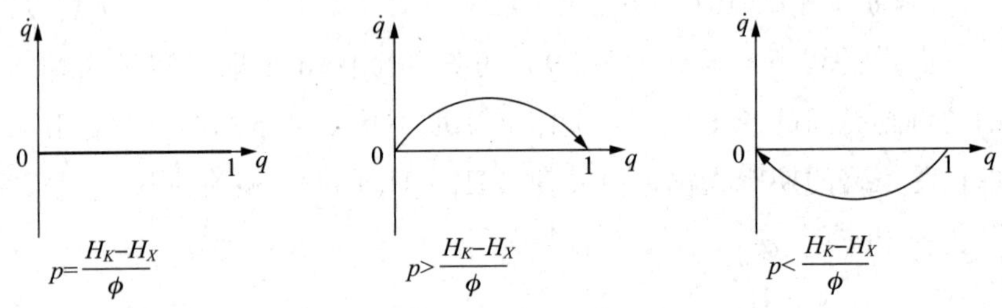

图 5－2 个体 B 演化博弈复制动态相位

二 混合策略稳定性分析

由式（5－4）和式（5－9）可以得到一个由个体 A 与其随机邻居个体 B 构成的二维动力系统为：

$$\begin{cases} \dot{p} = p(1-p)[(C-\Delta q) + \Delta q \cdot q] \\ \dot{q} = q(1-q)[(H_X - H_K) + \phi p] \end{cases} \tag{5-11}$$

依据弗里德曼（1991）提出的方法，其二维动力系统平衡点的稳定性是由这两个个体所组成的二维动力系统的雅克比矩阵局部稳定性分析得到，该系统的雅克比矩阵为：

$$J = \begin{bmatrix} \partial\dot{p}/\partial p & \partial\dot{p}/\partial q \\ \partial\dot{q}/\partial p & \partial\dot{q}/\partial q \end{bmatrix}$$

$$=\begin{bmatrix}(1-2p)[(C-\Delta q)+\Delta q\cdot q] & p(1-p)\Delta q\\ q(1-q)\phi & (1-2q)[(H_X-H_K)+\phi p]\end{bmatrix} \tag{5-12}$$

计算矩阵J在（0，0），（0，1），（1，0），（1，1），（p^*，q^*）这五个点的行列式和迹的值及符号，其中，$p^*=\frac{H_K-H_X}{\phi}$，$q^*=\frac{\Delta q-C}{\Delta q}$，由此判断出该二维动力系统的局部稳定性。

定理5.1　当$\Delta q-C>0$且$H_K-H_X>0$时，系统存在唯一的演化稳定策略ESS为（0，0）。

证明：首先计算出各点处的行列式和迹，如表5-2所示。

表5-2　　系统平衡点及其行列式和迹

(p，q)	det(J)	tr(J)
(0，0)	$(C-\Delta q)(H_X-H_K)$	$(C-\Delta q)+(H_X-H_K)$
(0，1)	$C(H_K-H_X)$	$C+(H_K-H_X)$
(1，0)	$(\Delta q-C)(H_X-H_K+\phi)$	$(\Delta q-C)+(H_X-H_K+\phi)$
(1，1)	$C(H_X-H_K+\phi)$	$C+(H_X-H_K+\phi)$
($p^*=\frac{H_K-H_X}{\phi}$，$q^*=\frac{\Delta q-C}{\Delta q}$)	$\frac{(C\Delta q-C^2)(H_K-H_X)(\phi-H_K+H_X)}{(\gamma+\omega)^2}$	0

针对表5-2，当满足条件（Ⅰ）$\Delta q-C>0$且$H_K-H_X>0$时，对均衡点进行稳定性分析，结果如表5-3所示。

从表5-3可以看出，当$\Delta q-C>0$且$H_K-H_X>0$，即$\Delta q>C$且$H_K>H_X$时，系统存在唯一演化稳定点（0，0）和一个不稳定点（0，1）以及两个鞍点（1，0）和（1，1）。即表示系统不管处于任何初始状态，最终都会演化至稳定点（0，0），其表示个体A与其邻居个体B这两个个体最终的演化均衡策略是（0，0）。根据假设，$\Delta q > C$ 表示个体 A 说服个体采取同样策略获得的额外收益大于其说服成本，$H_K > H_X$ 则表示个体 B 接受个体 A 说服获得收益大于不接受说服获得的收益时，两个个体将会选择均衡策略（说服，接受）。其演化相位图如图 5－3 所示。

表 5－3　　条件（Ⅰ）时系统平衡点及局部稳定性

$(p,\ q)$	$det(J)$	$tr(J)$	结果
(0，0)	+	－	ESS
(0，1)	+	+	不稳定点
(1，0)	－	+，－	鞍点
(1，1)	－	+，－	鞍点
$(p^*,\ q^*)$	不是平衡点		

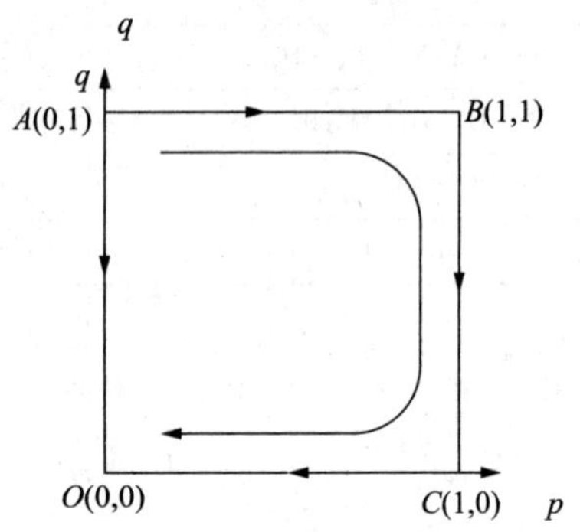

图 5－3　条件（Ⅰ）时系统演化动态相位

定理 5.2　当 $\Delta q - C < 0$ 且 $H_K - \phi > H_X$ 时，系统存在唯一的演化稳定策略 ESS 为（1，0）。

证明：当满足条件（Ⅱ）$\Delta q < C$ 且 $H_K - \phi > H_X$ 时，对均衡点进行稳定性分析，结果如表 5－4 所示。

表 5－4　　条件（Ⅱ）时系统平衡点及局部稳定性

(p，q)	det(J)	tr(J)	结果
(0，0)	－	+，－	鞍点
(0，1)	+	+	不稳定点
(1，0)	+	－	ESS
(1，1)	－	+，－	鞍点
$(p^*，q^*)$	不是平衡点		

从表 5－4 可以看出，当 $\Delta q - C < 0$ 且 $H_K - \phi > H_X$ 时，系统存在唯一演化稳定点（1，0）和一个不稳定点（0，1）以及两个鞍点（0，0）和（1，1）。即表示系统不管处于任何初始状态，最终都会演化至稳定点（1，0），其表示个体 A 与其邻居个体 B 这两个个体最终的演化均衡策略是（1，0）。根据假设，$\Delta q < C$ 表示个体 A 说服个体 B 采取同样策略获得的额外收益小于其说服成本，$H_K - \phi > H_X$ 则表示个体 A 不说服时个体 B 选择接受策略获得的收益大于不接受获得收益时，两个个体将会选择策略（不说服，接受）。其演化相位图如图 5－4 所示。

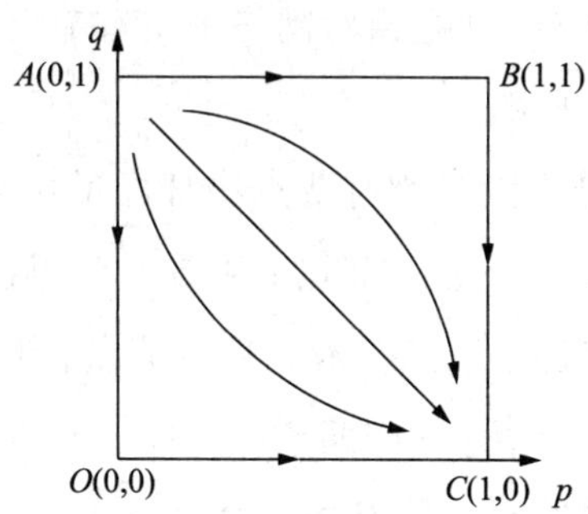

图 5－4　条件（Ⅱ）时系统演化动态相位

第三节　不同网络拓扑结构下群体演化博弈模型

网络的拓扑结构和网络中博弈个体的策略选择是博弈演化的两个重要影响因素。本节先对复杂网络的拓扑结构特性指标进行了分析，然后建立 WS 小世界网络和 BA 无标度网络上个体演化博弈策略，为分析不同社会网络拓扑结构下的群体性突发事件群体策略演化提供理论支撑。

一　复杂网络的统计特性

复杂网络具有非常复杂的拓扑结构，为了研究网络的拓扑结构需要从复杂网络的一些特性指标进行分析。目前针对复杂网络的统计特性主要是从三个方面的性能指标分析，这些指标为：度与度分布、平均路径长度以及聚类系数。

（一）度与度分布

复杂网络中节点度是指网络中与 i 相连接的所有节点数，记为 k_i。节点度的大小，能够反映出该节点在整个网络中所表示的重要程度。网络平均度 $<k>$，是指对网络中所有节点度平均值。

（二）平均路径长度

平均路径长度是指网络所有节点中任意的两点间最短距离的平均值。任意网络中两个节点：节点 i 和节点 j，从节点 i 起始，在经过和节点 i 相连接的各个节点，最后到达节点 j 在此过程中所通过的路程就成为节点 i 和节点 j 间的路径。所以，有很多条连接节点 i 和节点 j 这两个节点的路径，将其中一条经过节点数最少的路径表示为节点 i 和节点 j 的距离 d_{ij}。假设网络中所有的节点个数为 N，用 L 表示网络中任意节点间的距离平均值即网络的平均路径长度，则 L 可以用式（5－13）表示为：

$$L = \frac{1}{\frac{1}{2}N \times (N+1)} \sum_{i \geqslant j} d_{ij} \tag{5-13}$$

（三）聚类系数

聚类系数是用来描述网络中的各个节点之间的连接程度，即节点间的聚集程度。假设网络中节点 i 有 k_i 个邻居节点，即 k_i 为节点 i 的度。用 E_i 表示节点 i 与 k_i 个邻居节点间实际存在的边数，则节点 i 的聚类系数可以表示为：

$$C_i = \frac{2 \times E_i}{k_i \times (k_i - 1)} \tag{5-14}$$

二　WS 小世界网络演化博弈

（一）网络构建

WS 小世界网络模型的构造算法主要如下（Watts and Strogatz, 1998）：

（1）从一个包含 N 个节点的规则网络开始，每个节点都是与它左右最近的 K/2 个节点进行连接，并且这所有的 N 个节点是围成一个环状的网络。

（2）以一定的概率 p 重新连接网络中所有的边。连接的规则是网络中节点 i，对节点 i 和节点 i+1 间的连线以概率 p 进行断开，再随机选择一个不与节点 i 相连接的节点进行重新连接。但网络中不同的任意两个节点间需满足最多只能与一条边相连，且所有的节点也都不能与其自身进行相连。

（3）假如重连概率 p=0，即表示网络中所有的连线都不会进行重新连接，由此得到的网络是规则网络；假如重连概率 p=1，即表示网络中所有的连线都要进行重新连接，由此得到的网络是随机网络。小世界网络是介于规则网络和随机网络间的一个网络拓扑结构，因此小世界的重连概率 p 是介于 0 和 1 之间的。

（二）博弈策略

初始化时，将 WS 小世界网络中的所有节点分为个体 A 和个体 B 两类，其中个体 A 在整个网络中的节点比例为 α，则个体 B 占的比例即为1－α。个体A在初始状态随机地选择说服策略L或者不说服策略N，而个体B在初始状态随机的选择接受策略K或者不接受策略X。在博弈的每一轮中，网络中的节点都与它相连的所有邻居分别进行一次博弈。在每一轮博弈结束后，个体A或个体B都将更新其自身的策略，更新策略遵循的规则如下：

个体A在与其相连接的K_A个邻居中随机地选择个体B，依据式（5－1）、式（5－2）计算个体A选择说服策略L或者不说服策略N所得到的收益分别为Π_L和Π_N，依据式（5－6）和式（5－7）计算个体B选择接受策略K或者不接受策略X所得到的收益分别为Π_K和Π_X。个体A或个体B下一轮博弈更换策略的概率分别为：

$$p_A = \frac{1}{1 + \exp[(\Pi_L - \Pi_N)/\delta]} \tag{5-15}$$

$$p_B = \frac{1}{1 + \exp[(\Pi_K - \Pi_X)/\delta]} \tag{5-16}$$

其中，参数δ为噪声系数，若δ→∞时，此时个体A和个体B将在下一轮博弈进行完全的随机更新；若δ→0时，此时个体A和个体B将采取确定的模仿规则；通常取参数δ＝0.1。

三　BA无标度网络演化博弈

（一）网络构建

BA无标度网络模型的构造算法主要如下（Barabási and Albert, 1999）：

（1）从一个包含m_0个节点的网络开始进行演化，在每一个节点，加入一个新的节点，把这个新的节点连接到网络中已经存在的m个节点上（$m \leqslant m_0$）；

（2）新节点连接时，优先连接到网络中已经存在节点i的概率为p_i，这里概率p_i定义为：

$$p_i = \frac{k_i}{\sum_j k_j} \tag{5-17}$$

优先连接概率p_i是由网络中节点i的度k_i和节点度总和$\sum_j k_j$。

在经过 t 时间之后，将会产生一个有 $N = t + m_0$ 个节点、mt 条边的无标度网络。

（二）博弈策略

初始化时，将 BA 无标度网络中的所有节点也同样分为个体 A 和个体 B 两类，其中个体 A 在整个网络中的节点比例为 α，则个体 B 占的比例即为 1 - α。个体 A 在初始状态随机地选择说服策略 L 或者不说服策略 N，而个体 B 在初始状态随机地选择接受策略 K 或者不接受策略 X。在博弈的每一轮中，网络中的节点都与它相连的所有邻居分别进行一次博弈。在每一轮博弈结束后，个体 A 或个体 B 都将更新其自身的策略，更新策略遵循的规则如下：

个体 A 在与其相连接的 K_A 个邻居中随机地选择个体 B，依据式（5 - 1）、式（5 - 2）计算个体 A 选择说服策略 L 或者不说服策略 N 所得到的收益分别为 Π_L 和 Π_N，依据式（5 - 6）、式（5 - 7）计算个体 B 选择接受策略 K 或者不接受策略 X 所得到的收益分别为 Π_K 和 Π_X。个体 A 或个体 B 下一轮博弈更换策略的概率分别为：

$$p_A = \frac{1}{1 + \exp[(\Pi_L - \Pi_N)/\delta]} \tag{5-18}$$

$$p_B = \frac{1}{1 + \exp[(\Pi_K - \Pi_X)/\delta]} \tag{5-19}$$

其中，参数 δ 为噪声系数，它表示由于个体在演化过程中是有限理性的，若 δ→∞ 时，此时个体 A 或个体 B 将在下一轮博弈进行完全的随机更新；若 δ→0 时，此时个体 A 和个体 B 将采取确定的模仿规则；通常取参数 δ = 0.1。

第四节　情景仿真分析

本节以弱势群体社会网络为例，假设一个弱势群体社会网络总

人数 $N=1000$，群体网络中个体 A 选择抗争策略后，若对其邻居个体 B 采取说服策略时，个体 B 接受个体 A 的说服并采取与个体 A 同样的策略时，个体 A 将获得自身的固定收益 $Q=20$，还会获得说服其邻居个体 B 成功后的额外收益 $\Delta q=8$，同时个体 A 会付出此次博弈过程中说服的成本 $C=4$，个体 B 的收益为 $H_K=16$；若个体 B 不接受个体 A 的说服，并且采取了与个体 A 相反的策略时，个体 B 会获得采取与个体 A 相反的策略收益 $H_X=10$。若个体 A 对其邻居个体 B 采取不说服策略时，个体 B 盲目接受并采取与个体 A 同样的策略，可能会给个体 B 带来一定的损失 $\phi=7$。其中，个体 A 与个体 B 在整个网络总人数中比例各占 50%。

这时，$\Delta q-C>0$ 且 $H_K-H_X>0$ 满足定理 5.1，即 $\Delta q>C$ 且 $H_K>H_X$，网络中所有 A 类个体与 B 类个体最终演化至采取（说服，接受）策略，时间段 T 取值［0，400］。由于网络中所有个体最终采取（说服，接受）策略，此时会形成统一抗争意向，易引发大规模冲突，所以本节将重点模拟分析此策略的演化过程。接下来将基于 WS 小世界网络和 BA 无标度网络两种不同类型的复杂社会网络进行演化博弈情景仿真模拟，观察随着时间 T 的变化对不同社会网络结构下群体策略演化的影响。

情景 1： WS 小世界网络上的演化博弈。

这里对 WS 小世界网络节点总数取 $N=1000$，平均节点度 $<k>=4$，重连概率 $p_{WC}=0.6$。初始状态 A 类个体与 B 类个体选择不说服或不接受策略的比例分别为：$p_0=0.3$，$q_0=0.3$。图 5-5给出了 WS 小世界网络上个体博弈策略的演化过程，演化策略中噪声参数 $\delta=0.1$，图 5-5 中横坐标 Time 表示时间段，纵坐标 Fraction 表示 A 类个体与 B 类个体选择不说服或不接受策略的比例。图 5-6 至图 5-8 分别给出了 WS 小世界网络拓扑关系图、网络图中各节点的度的大小分布、网络图中节点度的概率分布。

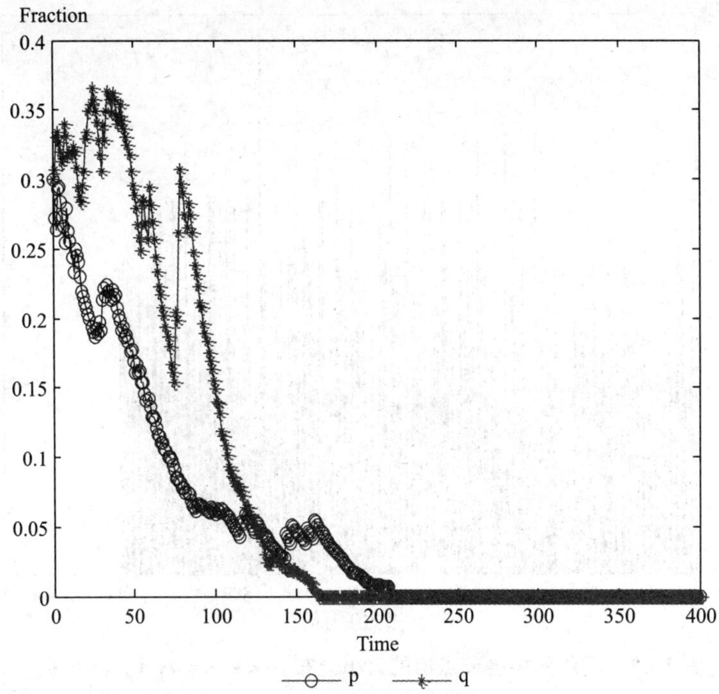

图 5－5　WS 小世界网络上个体策略演化过程（＜k＞＝4，p_{WC}＝0.6）

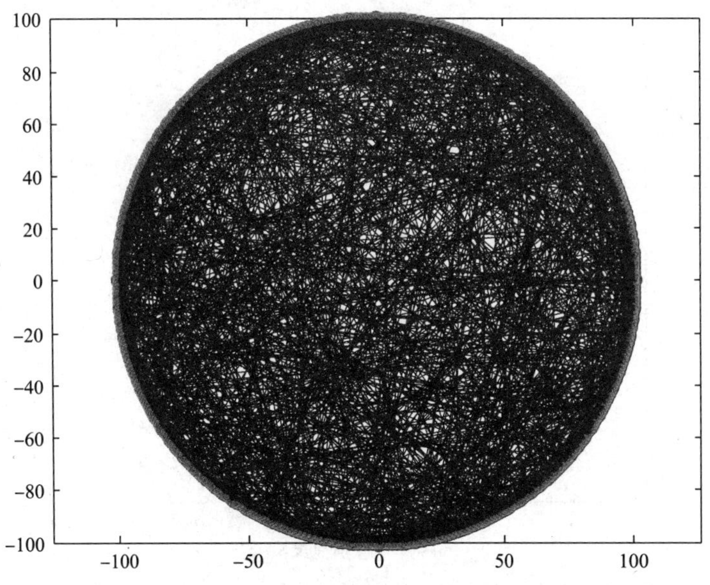

图 5－6　WS 小世界网络拓扑关系（＜k＞＝4，p_{WC}＝0.6）

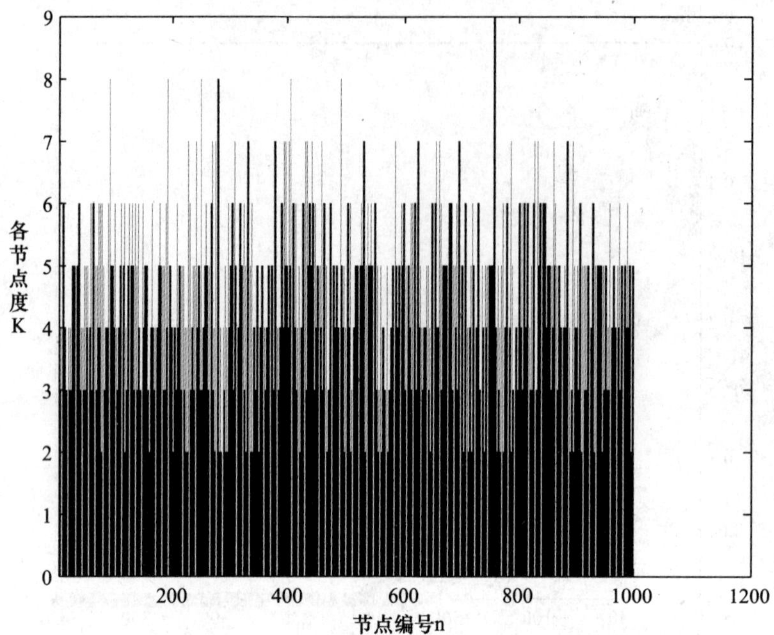

图 5－7 网络图中各节点度的大小分布（$<k>=4$，$p_{WC}=0.6$）

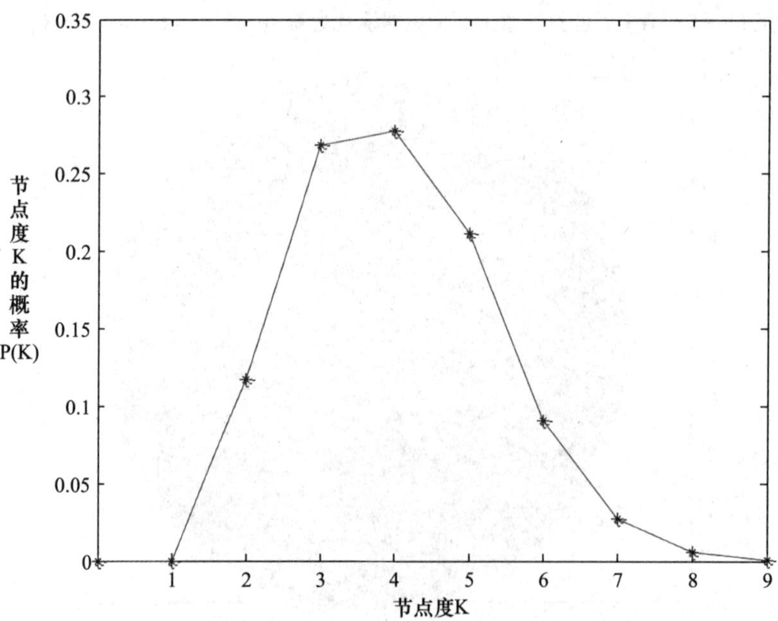

图 5－8 网络图中节点度的概率分布（$<k>=4$，$p_{WC}=0.6$）

从图 5 - 5 可以看出，当满足条件 $\Delta q - C > 0$ 且 $H_K - H_X > 0$，即 $\Delta q > C$ 且 $H_K > H_X$ 时，社会网络中个体 A 说服其邻居个体 B 采取抗争策略获得额外收益大于其说服成本，且其邻居个体 B 接受说服获得收益大于不接受说服获得的收益条件时，所有 A 类个体与 B 类个体最终演化至采取（说服，接受）策略。此时，WS 小世界网络中所有个体观点都达成一致，即形成统一抗争意向，导致出现了“羊群效应”。

为了分析网络中个体在不同重连概率 p_{WC} 取值情况下的策略演化，这里对 WS 小世界网络重连概率 p_{WC} 分别取值：$p_{WC} = 0.2$，$p_{WC} = 0.4$，$p_{WC} = 0.6$，$p_{WC} = 0.8$。初始状态 $p_0 = 0.3$，$q_0 = 0.3$，A 类个体与 B 类个体策略演化仿真过程如图 5 - 9、图 5 - 10 所示，图中横坐标 Time 表示时间段，纵坐标 p、q 表示 A 类个体与 B 类个体策略比例变化，时间段 T 取值［0，400］。

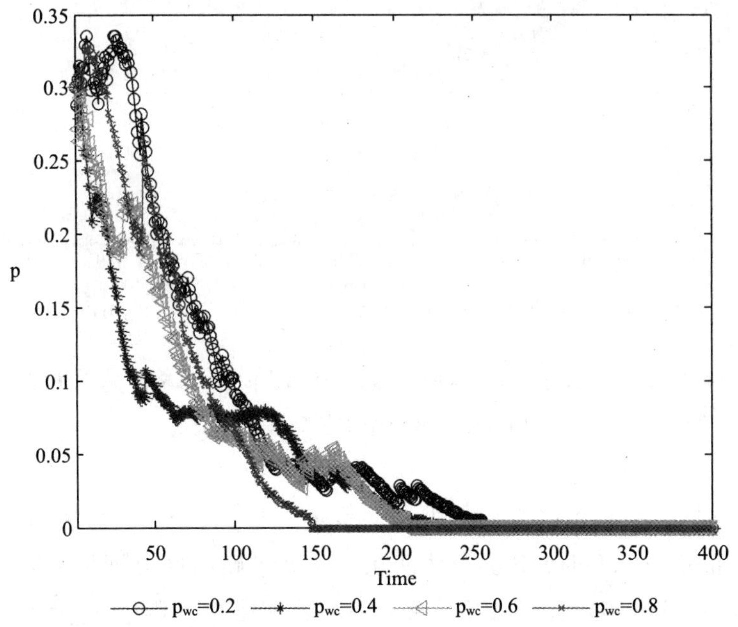

图 5 - 9　重连概率 $p_{WC} = 0.2$、$p_{WC} = 0.4$、$p_{WC} = 0.6$、$p_{WC} = 0.8$ 不同取值下 A 类个体策略演化过程

从图 5－9 可以看出，WS 小世界网络重连概率 $p_{WC}=0.2$、$p_{WC}=0.4$、$p_{WC}=0.6$ 和 $p_{WC}=0.8$ 时，A 类个体演化至均衡策略时间分别是 T＝255、T＝234、T＝208 和 T＝148。此时网络的平均路径长度分别为 L＝6.7955、L＝5.8640、L＝5.4682 和 L＝5.3548，网络的聚类系数为 C＝0.2591、C＝0.1235、C＝0.0319 和 C＝0.0079。这表明随着网络重连概率 p_{WC} 增大，平均路径长度减小，聚类系数减小，网络中 A 类个体演化至均衡策略时间也明显减少。

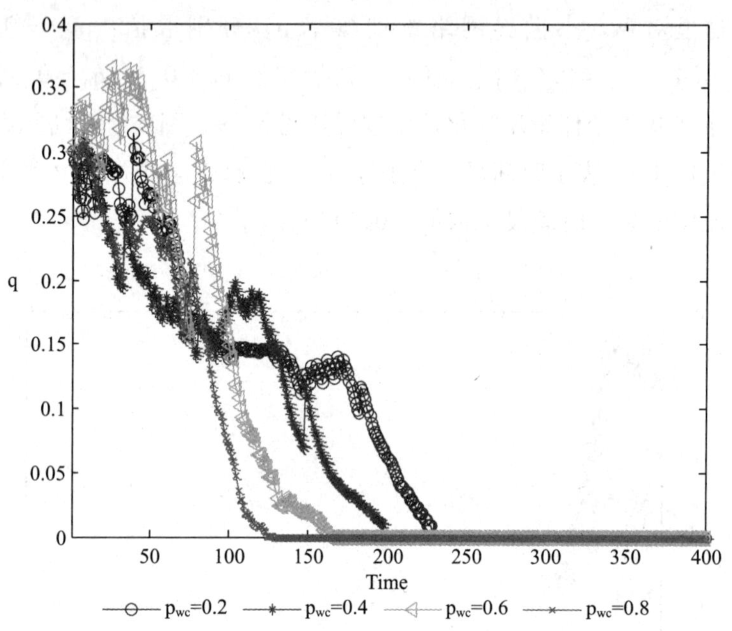

图 5－10　重连概率 $p_{WC}=0.2$、$p_{WC}=0.4$、$p_{WC}=0.6$ 和 $p_{WC}=0.8$ 不同取值下 B 类个体策略演化过程

从图 5－10 可以看出，重连概率 $p_{WC}=0.2$、$p_{WC}=0.4$、$p_{WC}=0.6$ 和 $p_{WC}=0.8$ 时，B 类个体演化至均衡策略时间分别是 T＝229、T＝199、T＝164 和 T＝128。这表明随着网络重连概率 p_{WC} 增大，B 类个体演化至均衡策略时间显著减少。

综上可以发现，随着网络重连概率的增大，演化至均衡策略时间明显减少。这是由于随着网络重连概率的增大，网络变得更加异质，而异质网络中节点度大的个体，具有较大影响力，更容易说服带动周围个体接受其策略，易结成联盟采取抗争策略，因此更容易形成“羊群效应”，导致所有个体演化至均衡策略的时间显著减少。

图 5-11 至图 5-16 分别给出了重连概率 $p_{WC}=0.2$、$p_{WC}=0.4$ 和 $p_{WC}=0.8$ 时 WS 小世界复杂网络图中各节点度的大小分布、网络图中节点度的概率分布。

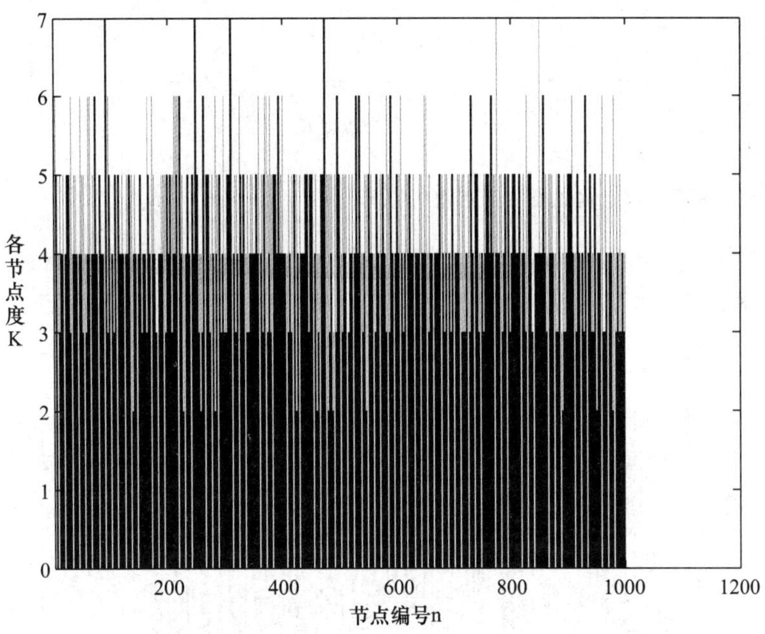

图 5-11　网络图中各节点度的大小分布（<k> =4，$p_{WC}=0.2$）

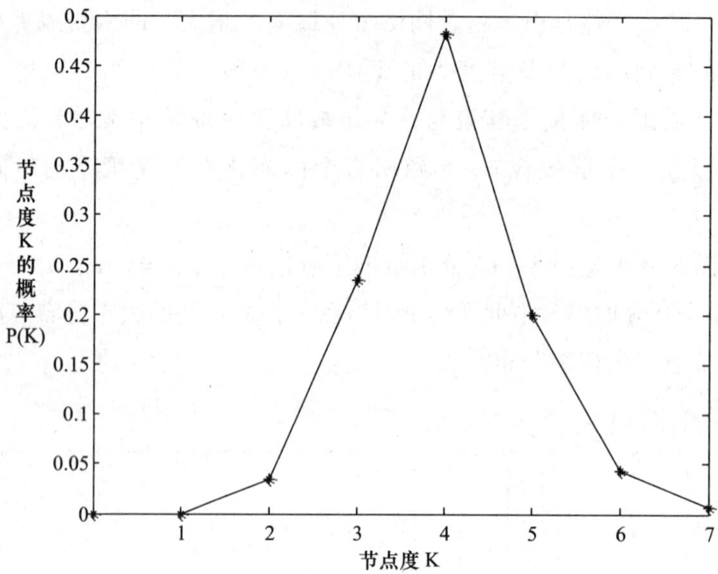

图 5-12　网络图中节点度的概率分布（<k> =4，p_{WC} =0.2）

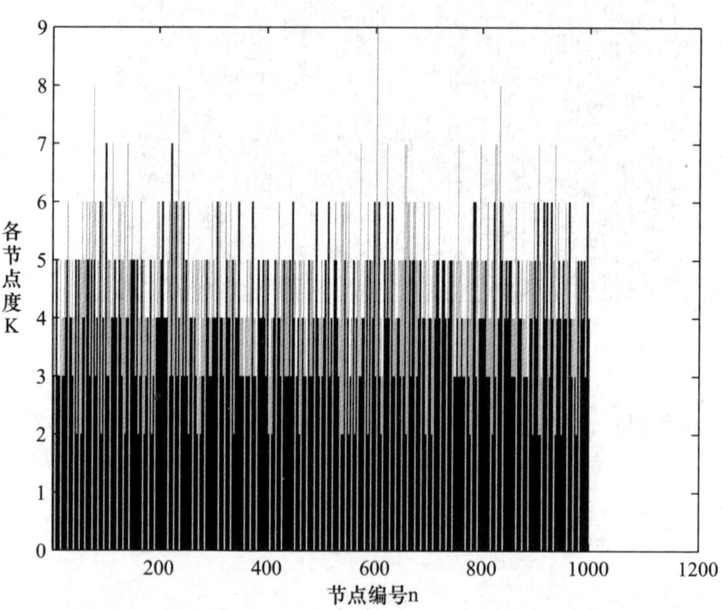

图 5-13　网络图中各节点度的大小分布（<k> =4，p_{WC} =0.4）

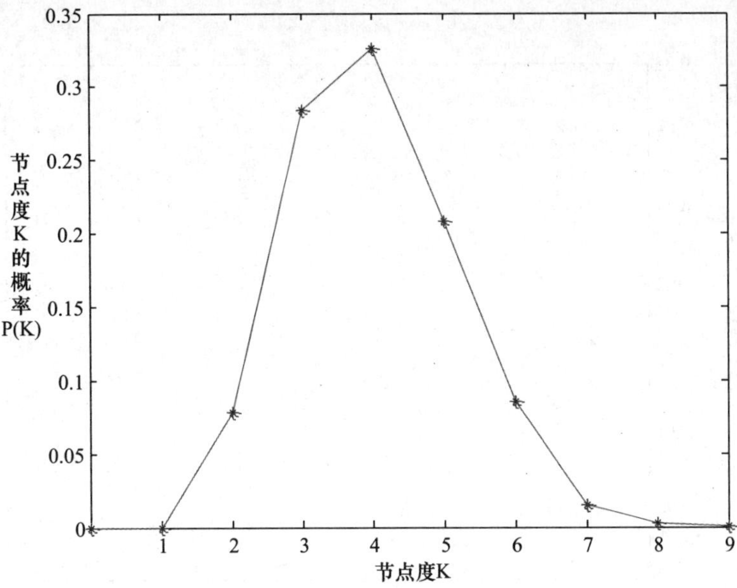

图 5－14　网络图中节点度的概率分布（＜k＞＝4，p_{WC}＝0.4）

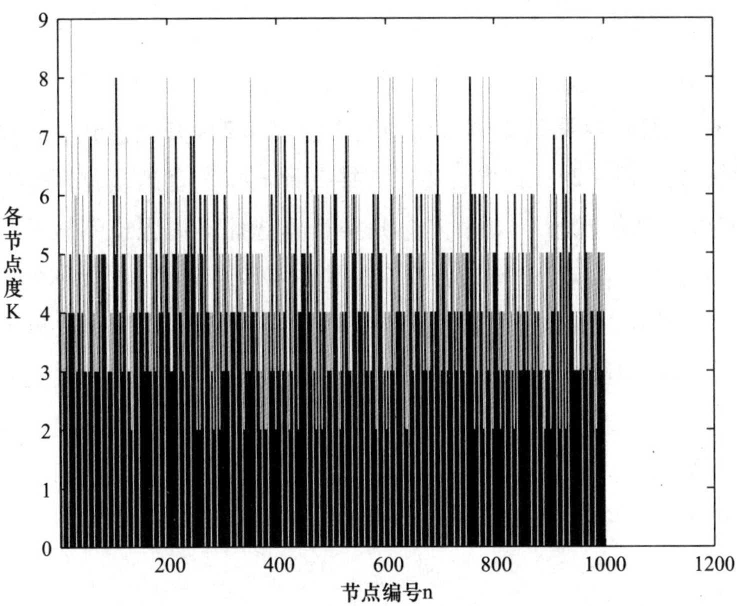

图 5－15　网络图中各节点度的大小分布（＜k＞＝4，p_{WC}＝0.8）

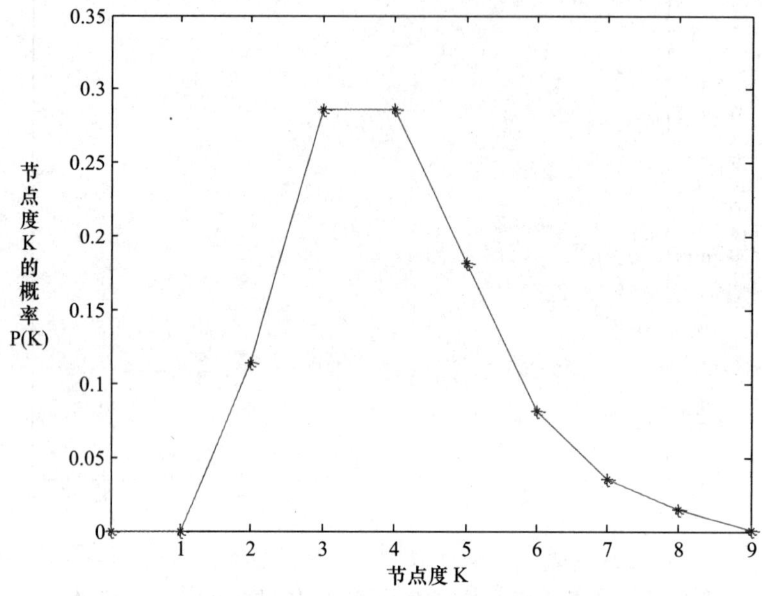

图 5－16　网络图中节点度的概率分布（<k> =4，p_{wc} =0.8）

情景 2：BA 无标度网络上的演化博弈。

BA 无标度网络从 2 个节点的网络（m_0 =2）开始演化，每次引入的新节点都与 2 个旧节点进行连接（m =2），直到演化网络总数 N =1000。初始状态 A 类个体与 B 类个体选择不说服或不接受策略的比例分别为 p_0 =0.3 和 q_0 =0.3。图 5－17 给出了 BA 无标度网络上个体策略的演化过程，演化策略中噪声参数 δ =0.1，图中横坐标 Time 表示时间段，纵坐标 Fraction 表示 A 类个体与 B 类个体选择不说服或不接受策略的比例。图 5－18 至图 5－20 分别给出了 BA 无标度网络拓扑关系图、网络图中各节点度的大小分布、网络图中节点度的概率分布。

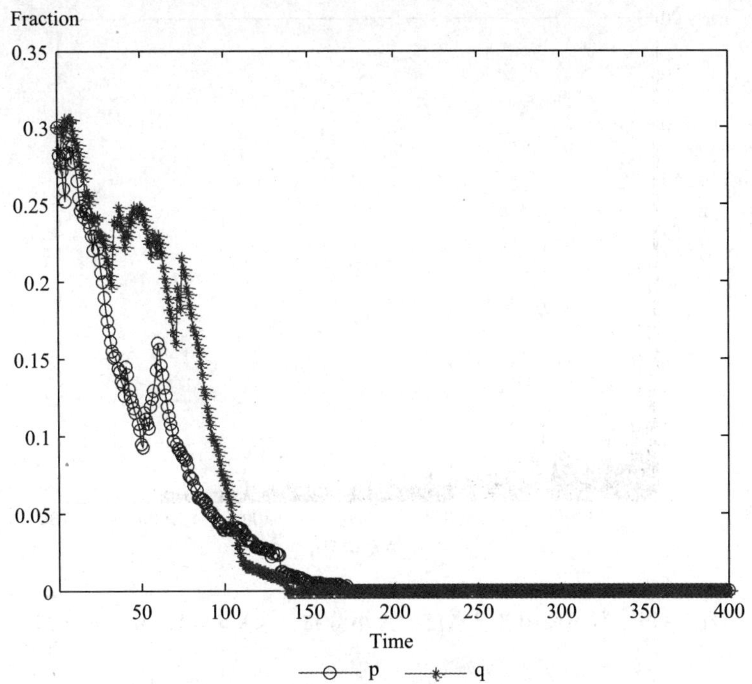

图 5－17　BA 无标度网络上个体策略演化过程（ $<k>=4$，$m_0=m=2$）

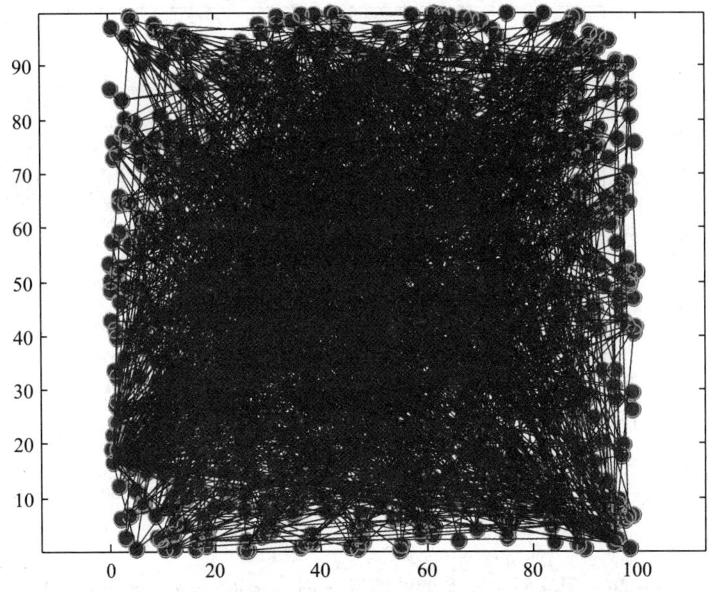

图 5－18　BA 无标度网络拓扑关系（ $<k>=4$，$m_0=m=2$）

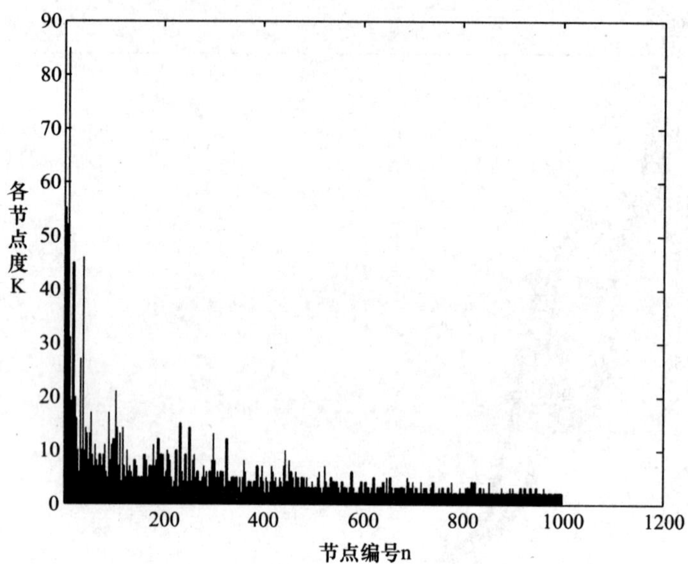

图 5－19　网络图中各节点度的大小分布（<k>＝4，m_0＝m＝2）

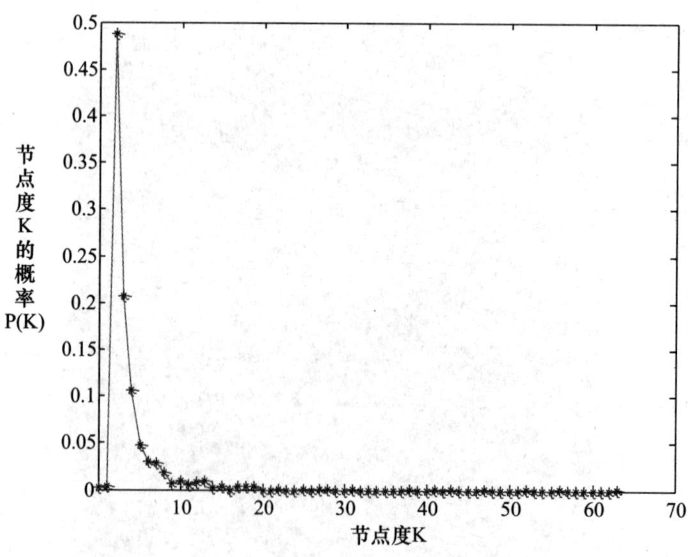

图 5－20　网络图中节点度的概率分布（<k>＝4，m_0＝m＝2）

从图5－17可以看出，当满足条件 $\Delta q - C > 0$ 且 $H_K - H_X > 0$，即 $\Delta q > C$ 且 $H_K > H_X$ 时，即社会网络中个体A说服其邻居个体B采取抗争策略获得额外收益大于其说服成本，且其邻居个体B接受说服获得收益大于不接受说服获得的收益条件时，所有A类个体与B类个体最终演化至采取（说服，接受）策略。此时，BA无标度网络中所有个体都形成统一观点，即都采取抗争策略，出现了“羊群效应”。“羊群效应”将导致网络中个体都采取暴力抗争的行为策略，进而容易引发大规模冲突，危及社会正常的生活秩序和生命财产安全。

与同样网络规模 $N = 1000$，平均节点度 $<k> = 4$ 的WS小世界网络上个体博弈策略演化相比（这里重点对比重连概率 $p_{WC} = 0.2$、$p_{WC} = 0.4$ 和 $p_{WC} = 0.6$，因为当重连概率 $p_{WC} = 0.8$ 时已经接近于 $p_{WC} = 1$ 即随机网络），网络规模 $N = 1000$，平均节点度 $<k> = 4$ 的BA无标度网络上所有个体演化至均衡策略的时间明显小于重连概率 $p_{WC} = 0.2$、$p_{WC} = 0.4$ 和 $p_{WC} = 0.6$ 时的WS小世界网络，如重连概率 $p_{WC} = 0.2$、$p_{WC} = 0.4$ 和 $p_{WC} = 0.6$ 时的WS小世界网络上A类个体演化至均衡策略时间分别是 $T = 255$、$T = 234$ 和 $T = 208$，而BA无标度网络上A类个体演化时间 $T = 173$；WS小世界网络上B类个体演化至均衡策略时间分别是 $T = 229$、$T = 199$ 和 $T = 164$，而BA无标度网络上B类个体演化时间 $T = 137$。由此可以看出，高度异构的无标度网络策略演化的时间明显小于WS小世界网络的演化，BA无标度网络较WS小世界网络更容易引发群体性突发事件。

为了分析网络中个体在不同网络初始节点数 m_0 和新节点连接边数 m 取值情况下的策略演化，这里对BA无标度网络初始节点数 m_0 和新节点连接边数 m（其中 $m_0 = m$）取值：$m_0 = m = 2$，$m_0 = m = 3$，$m_0 = m = 4$，$m_0 = m = 5$。初始状态 $p_0 = 0.3$ 和 $q_0 = 0.3$，A类个体与B类个体策略演化仿真过程如图5－21和图5－22所示，图中横坐标Time表示时间段，纵坐标p、q表示A类个体与B类个体策略比例变化，时间段T取值［0，400］。

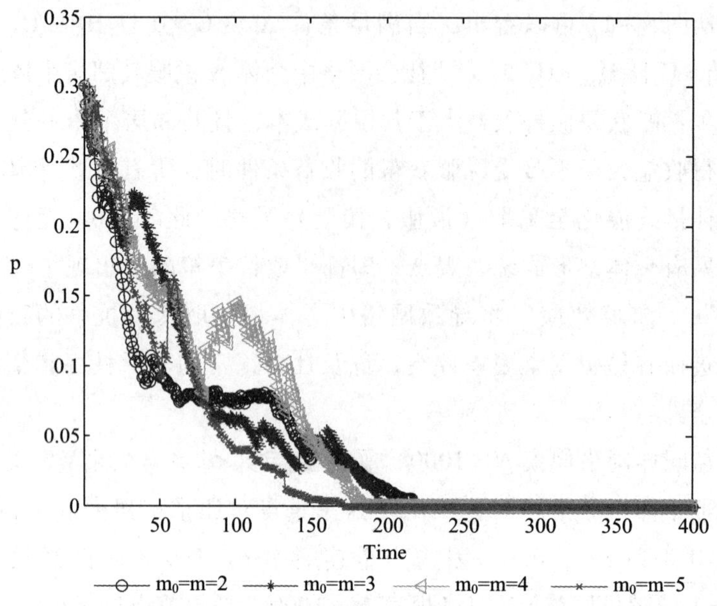

图 5-21　$m_0=m=2$，$m_0=m=3$，$m_0=m=4$，$m_0=m=5$ 不同取值下 A 类个体策略演化过程

从图 5-21 可以看出，BA 无标度网络初始节点数 m_0 和新节点连接边数 m 取值为 $m_0=m=2$、$m_0=m=3$、$m_0=m=4$ 和 $m_0=m=5$ 时，A 类个体演化至稳定策略时间分别为 T=173、T=185、T=196 和 T=218。此时网络的聚类系数为 C=0.0232、C=0.0295、C=0.0315 和 C=0.0336。这表明随着网络初始节点数 m_0 和新节点连接边数 m 增大，网络聚类系数增大，网络中 A 类个体演化至均衡策略时间也明显增大。

从图 5-22 可以看出，网络初始节点数 m_0 和新节点连接边数 m 取值 $m_0=m=2$、$m_0=m=3$、$m_0=m=4$ 和 $m_0=m=5$ 时，B 类个体演化至稳定策略时间分别是 T=137、T=141、T=155 和 T=169。这表明随着网络初始节点数 m_0 和新节点连接边数 m 增大，B 类个体演化至均衡策略时间显著增加。

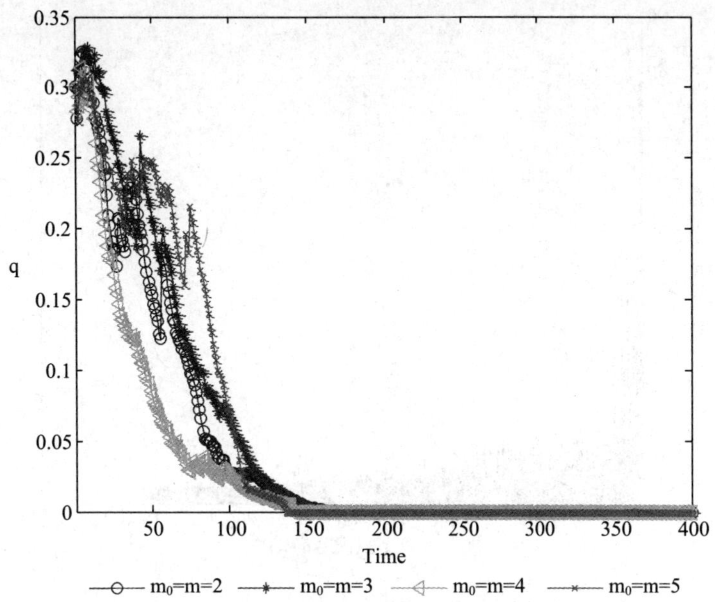

图 5－22　$m_0=m=2$，$m_0=m=3$，$m_0=m=4$，$m_0=m=5$ 不同取值下 B 类个体策略演化过程

由以上仿真结果可以发现，随着 BA 无标度网络初始节点数 m_0 和新节点连接边数 m 增大，网络聚类系数增大，演化至均衡策略时间也显著增长。这是由于聚类系数增大改变了 BA 无标度网络的拓扑结构，聚类系数增大实际上增加了网络中三角形结构数量，三角形结构对应于现实网络中彼此非常熟悉，完全透明的一种社会关系。聚类系数越大，即网络中个体间信息透明度越高，个体被说服欺骗的可能性就会降低，因此其最终演化至均衡策略的时间就会增大。图 5－23 至图 5－28 分别给出了网络初始节点数 m_0 和新节点连接边数 m 取值 $m_0=m=3$、$m_0=m=4$ 和 $m_0=m=5$ 时，BA 无标度网络图中各节点度的大小分布、网络图中节点度的概率分布。

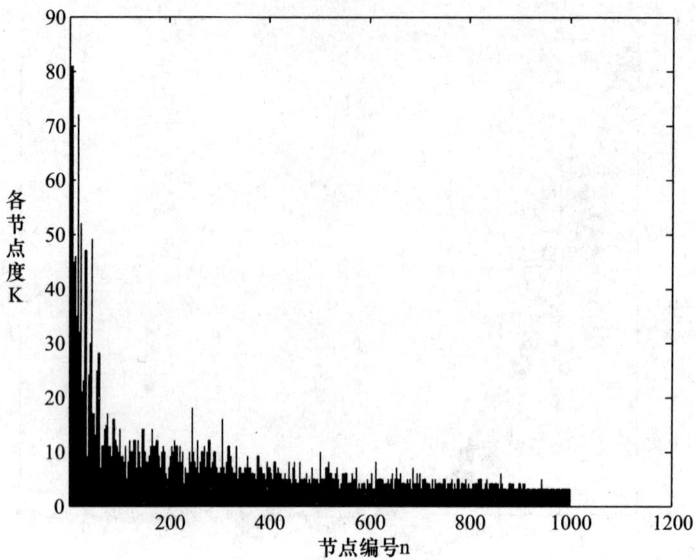

图 5－23　网络图中各节点度的大小分布（$m_0=m=3$）

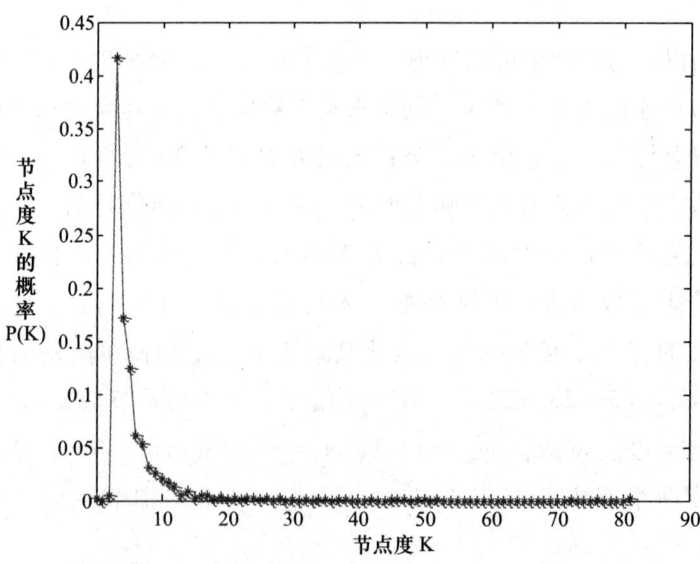

图 5－24　网络图中节点度的概率分布（$m_0=m=3$）

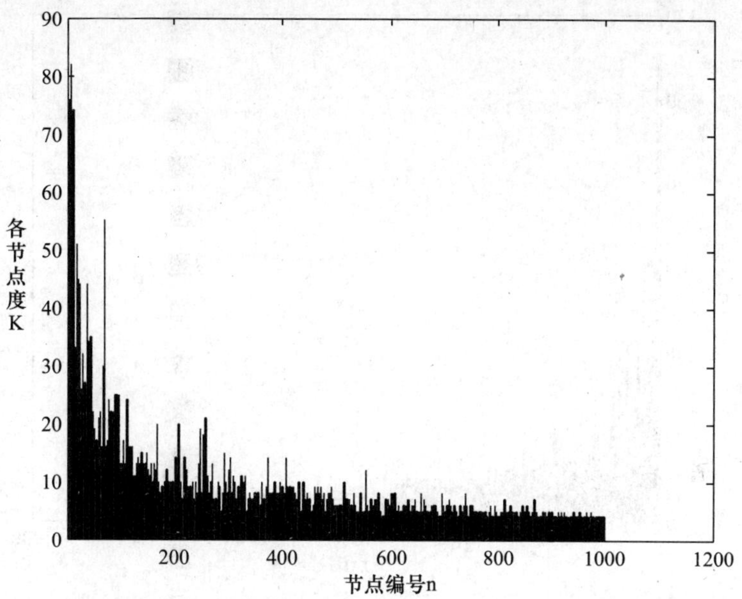

图 5－25　网络图中各节点度的大小分布（$m_0=m=4$）

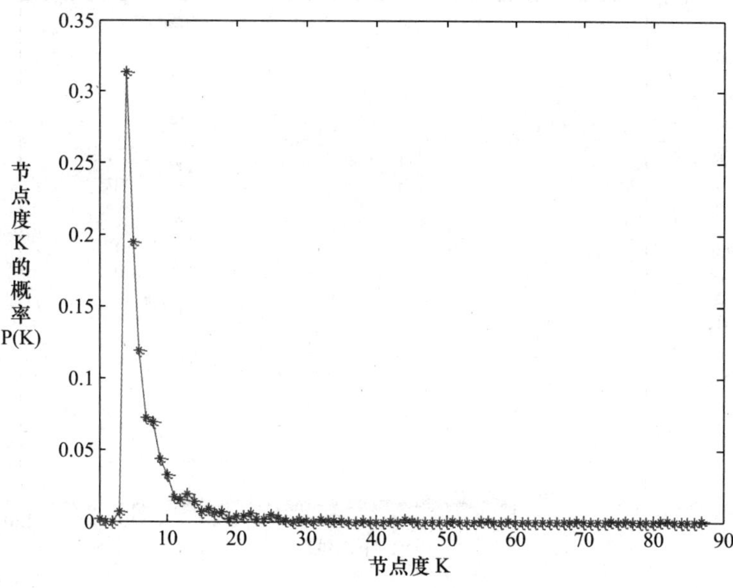

图 5－26　网络图中节点度的概率分布（$m_0=m=4$）

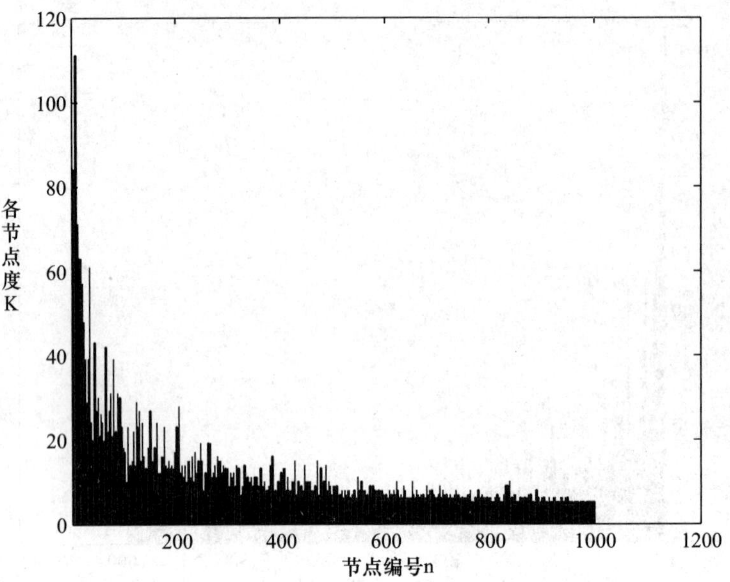

图 5－27　网络图中各节点度的大小分布（$m_0 = m = 5$）

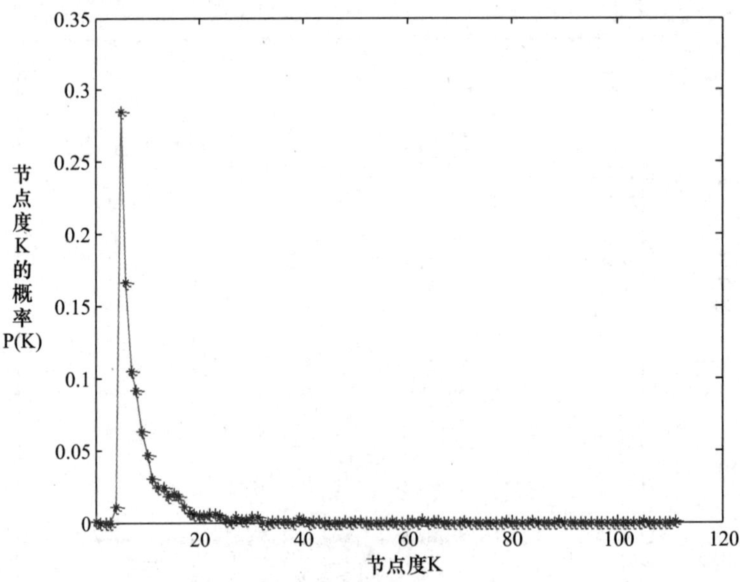

图 5－28　网络图中节点度的概率分布（$m_0 = m = 5$）

本章小结

考虑到不同社会网络结构下群体性突发事件中群体策略选择的演化问题，本书基于复杂网络和演化博弈理论构建了群体性突发事件社会网络演化博弈模型，分析了不同社会网络的拓扑结构对个体策略选择与行为模式的影响。以弱势群体社会网络为例，研究了社会网络中节点之间的博弈策略演化过程，基于WS小世界网络、BA无标度网络两种复杂网络对弱势群体社会网络上的演化博弈进行了分析。最后，通过数值仿真对网络中个体博弈与群体结构的协同演化模型进行情景仿真模拟，结合情景仿真结果得出以下研究结论及对策建议：

（1）当网络中个体说服其邻居采取抗争策略获得额外收益大于其说服成本，且其邻居接受说服获得收益大于不接受说服获得收益条件下，随着WS小世界网络重连概率增大，即网络异质性越大，其演化至均衡策略时间越短。

由以上研究结论可以看出，当弱势群体网络中个体采取抗争策略获得收益较大时，其最终网络中所有个体都全部采取抗争策略，导致暴力冲突事件发生。因此，为了控制暴力事件的发生，在对采取暴力抗争行为加大惩罚力度的同时，还应该从根本上解决弱势群体的利益诉求。此外，应该重视异质性较大的群体网络，对其中关系网较大、较复杂的个体重点进行沟通疏导，避免其进一步带动周围个体的负面行为，防止暴力行为的进一步扩散。

（2）当网络中个体说服其邻居采取抗争策略获得额外收益大于其说服成本，且其邻居接受说服获得收益大于不接受说服获得收益条件下，在BA无标度网络上，随着网络初始节点数和新节点连接边数的增大，网络聚类系数越大，其演化至均衡策略时间越长。

根据以上结论，可以发现，聚类系数的增大实际上是增大了个体间的交流程度，使个体间彼此信息更加透明。而信息的透明能够防止个体被说服受骗的可能性降低，就会使得被误导的概率下降。因此，在弱势群体社会网络中个体之间应该加强信息的交流沟通，使信息公开透明化，避免被误导采取暴力抗争造成危害后果。

（3）异质网络中节点度大的个体，具有较大影响力，更容易说服带动周围个体接受其策略，易结成联盟采取抗争策略，形成"羊群效应"，造成更大危害。这表明群体网络中处于领导地位拥有众多关系圈的个体对网络中其他个体具有较大的影响力，这些个体的行动策略也是其他个体的主要参考依据。所以，针对具有领导地位的个体应着重加强对其劝阻疏导，尽量避免其采取暴力抗争策略，正确引导群体网络中其他个体采取正确合理的方式表达利益诉求，及时解决群体间的内部矛盾。

（4）高度异构的 BA 无标度网络策略的演化时间明显小于 WS 小世界网络的演化，BA 无标度网络较 WS 小世界网络更容易引发群体性事件。这表明社会群体网络拓扑结构的不同会对群体性突发事件的演化产生直接影响，所以应在现实中针对不同的群体网络结构制定不同的应急机制。结合社会网络的不同拓扑结构，尤其像 BA 无标度网络等特性的社会网络，例如，具有无标度网络特性的农村人际网络、欠薪民工人际网络等，应重点对其进行预防控制，及时发现群体网络中的利益诉求，保持与其沟通协调，化解社会群体的矛盾，避免群体采取过激行为。

第六章　不确定环境下群体性突发事件随机演化博弈模型

第五章主要是在确定环境下对群体性突发事件的演化问题进行了分析，接下来需要进一步考虑不确定环境下群体性突发事件的演化问题。由于群体性突发事件发生环境的高度不确定性和复杂性，群体会受到外部环境（诉求不畅、应急薄弱）和内部环境（群体情绪、群体组织）等因素影响，这些因素都会对群体性突发事件演化过程产生随机干扰，造成演化过程的随机突变。因此，将在第六章分析不确定环境下群体性突发事件的演化博弈问题。

本章共分为四节，在第一节研究背景和问题提出的基础上，对本书研究问题进行了模型假设，首先构建确定性的群体性突发事件演化模型（第二节），在此基础上考虑到群体性突发事件演化过程中的随机扰动，构建不确定环境下群体性突发事件的随机演化博弈模型（第三节），分析了模型的稳定性，并对模型进行了求解（第三节），基于情景仿真分析得到了本书的研究结论（第四节），最后对本章的研究工作做了总结并提出相应的政策建议。

第一节　问题提出与模型假设

目前相关研究主要是在确定环境下基于博弈理论分析和探讨群体性突发事件中群体策略博弈过程，徐寅峰等（2004）基于主观博弈模型对群体性突发事件的产生根源进行了分析，并对产生根源的相关影响因素进行了探讨；孙康和廖猕武（2006）研究了辽东湾违规捕捞海蜇冲突问题，构建了渔政管理部门和渔民的演化博弈模型，并揭示了"违捕"事件频发的主要原因；Liu 和 Wang（2008）建立了一类政府机构与社会群体的博弈模型，分析了模型的纳什均衡，并对政府的不同应急处置策略进行了分析探讨；刘德海和尹丽娟（2012）构建了城市拆迁群体性突发事件演化的动态博弈模型，探讨了政府两种拆迁模式下的均衡演化过程；吴雪芹和王宏波（2013）针对农村发生的群体性突发事件问题构建了当地基层政府与农民群体之间的演化博弈模型，分析了农村群体性突发事件发生的动态演化过程；刘德海和陈静锋（2014）运用博弈理论研究了环境污染引发的群体性突发事件，构建了地方政府部门与周边居民之间的"信息—权利"协同演化博弈模型，并分析了协商谈判与"暗箱操作"两种模式下的均衡演化过程。

上述文献研究主要分析确定状态下群体性突发事件的演化博弈问题，未能考虑不确定环境对群体性突发事件演化造成的随机干扰问题。也较少探讨群体行为策略选择的稳定性，尚不能全面有效地监控和应对群体性突发事件。徐岩等（2011）考虑了不确定环境对群体策略演化过程的影响，但未考虑强势群体与弱势群体两个异质群体策略的不同。在实际社会群体性事件演化过程中，两类群体掌握的资源不同，在受到不确定环境影响时，会表现出不同的策略演化情景。因此，需要研究不确定环境下群体性突发事件的演化规律问题。

基于上述研究背景分析，对本书研究问题模型做如下假设：

H6－1：考虑在一个社会系统中有两类参与群体：强势群体 H 和弱势群体 D。两类群体争夺某种社会资源，其中弱势群体可以采取合作 S 或者抗争 F 两种策略，策略集合即 $ST_D = \{S, F\}$；强势群体则可以采取合作 C 或者强硬 T 两种策略，策略集合即 $ST_H = \{C, T\}$。考虑社会强势群体获得收益 U，社会弱势群体获得收益 V，由于强势群体拥有各种信息等资源，处于优势地位，因此收益满足 $U > V$。

H6-2：假设强势群体通过采用强硬策略获得 β 的额外收益，同时因采用强硬策略会造成强势群体信誉损失为 δ；弱势群体采取抗争策略获得 φ 的额外收益。在合作情景下，弱势群体和强势群体采用抗争和强硬策略的成本分别为 c_1 和 c_2；在强硬对抗情景下，弱势群体和强势群体采用抗争和强硬策略的成本分别为 c_3 和 c_4，显然 $c_3 > c_1$，$c_4 > c_2$，且满足 $c_3 - c_1 > c_4 - c_2$。

H6-3：假设在群体博弈过程中，强势群体采取强硬策略 T 的比例为 p(t)，则采取合作策略 C 的比例为 1 - p(t)，p(t) ∈ [0, 1]；弱势群体采取抗争策略 F 的比例为 q(t)，则采取合作策略 S 的比例为 1 - q(t)，q(t) ∈ [0, 1]。

由此可以得到社会强势群体与弱势群体博弈收益矩阵如表 6-1 所示。

表 6-1　　群体博弈收益矩阵

强势群体 H	弱势群体 D	
	合作策略 S	抗争策略 F
合作策略 C	U，V	U - φ，$V - c_1 + φ$
强硬策略 T	$U - c_2 - δ + β$，V - β	$U - c_4 - δ + β - φ$，$V - c_3 + φ - β$

第二节　模型建立

一　群体性突发事件演化博弈模型

（1）强势群体采取合作策略 C 的期望收益为：

$$\Pi_C = U[1 - q(t)] + (U - \phi)q(t) \tag{6-1}$$

强势群体采取强硬策略 T 的期望收益为：

$$\Pi_T = (U - c_2 - \delta + \beta)[1 - q(t)] + (U - c_4 - \delta + \beta - \phi)q(t) \tag{6-2}$$

则强势群体的平均收益为：

$$\Pi_H = \Pi_C[1 - p(t)] + \Pi_T p(t) \quad (6-3)$$

群体性突发事件是有限理性群体进行重复博弈、相互学习、不断演化的过程。由于群体性突发事件中参与群体成员众多，因此，采用如下复制动态方程（Smith，1982；Amann and Possajennikov，2009）来描述其演化过程：

$$dx(t) = x(t)(U_b - \bar{U})dt \quad (6-4)$$

其中，x(t)表示群体中背叛策略的博弈方比例，U_b 表示背叛策略的期望收益，$\bar{U}$ 表示群体的平均收益。式（6-4）进一步化解如下：

$$\begin{aligned} dx(t) &= x(t) \times (U_b - \bar{U})dt \\ &= x(t) \times \{U_b - [U_b \times x(t) + U_w] \times [(1 - x(t)]\} dt \\ &= x(t) \times \{[1 - x(t)](U_b - U_w)\} dt \end{aligned} \quad (6-5)$$

U_w 表示群体中维护策略的期望收益。由于 1 - x(t) 是非负数，对策略演化的结果不会产生影响，因此，可以将式（6-5）转化为如下形式：

$$dx(t) = x(t) \times (U_b - U_w)dt \quad (6-6)$$

依据式（6-6），得到强势群体的演化博弈复制动态方程为：

$$\begin{aligned} dp(t) &= (\Pi_T - \Pi_C)p(t)dt \\ &= [(c_2 - c_4)q(t) + (-c_2 - \delta + \beta)]p(t)dt \end{aligned} \quad (6-7)$$

由上式可知，强势群体采取强硬策略 T 的比例随时间的变化率 $\frac{dp(t)}{dt}$ 与强势群体采取强硬策略的期望收益和采取合作策略的期望收益差值幅度（$\Pi_T - \Pi_C$）呈正相关关系。

（2）弱势群体采取合作策略 S 的期望收益为：

$$\Pi_S = V[1 - p(t)] + (V - \beta)p(t) \quad (6-8)$$

弱势群体采取抗争策略 F 的期望收益为：

$$\Pi_F = (V - c_1 + \phi)[1 - p(t)] + (V - c_3 + \phi + \beta)p(t) \quad (6-9)$$

则弱势群体的平均收益为：

$$\Pi_D = \Pi_S[1-q(t)] + \Pi_F q(t) \tag{6-10}$$

同样，依据式（6-6）得到弱势群体的演化博弈复制动态方程为：

$$\begin{aligned} dq(t) &= (\Pi_F - \Pi_D)q(t)dt \\ &= [(c_1-c_3)p(t) + (-c_1+\phi)]q(t)dt \end{aligned} \tag{6-11}$$

由上式可知，弱势群体采取抗争策略F的比例随时间的变化率 $\frac{dq(t)}{dt}$ 与弱势群体采取抗争策略的期望收益和采取合作策略的期望收益差值幅度（$\Pi_F - \Pi_D$）呈正相关关系。

二 群体性突发事件随机演化博弈模型

在群体性突发事件发展过程中，由于群体所处的社会系统充满不确定性，群体会受到外部环境（诉求不畅，应急薄弱）和内部环境（群体情绪，群体组织）等因素影响，这些因素会对群体性突发事件演化过程产生随机干扰，造成演化过程的随机突变。

因此，为了更精确地描述社会群体受到的不确定因素影响，借助随机分析理论，将高斯白噪声引入式（6-7）和式（6-11）来反映群体性突发事件演化过程中所受到的随机干扰，刻画由多种不确定因素造成的干扰（Erwin and Alex，2009），则式（6-7）和式（6-11）改为如下形式：

$$dp(t) = [(c_2-c_4)q(t) + (-c_2-\delta+\beta)]p(t)dt + \sigma p(t)d\omega(t) \tag{6-12}$$

$$dq(t) = [(c_1-c_3)p(t) + (-c_1+\phi)]q(t)dt + \sigma q(t)d\omega(t) \tag{6-13}$$

其中，$\omega(t)$服从标准的一维布朗运动，布朗运动是一种无规则的随机涨落现象，$d\omega(t)$表示高斯白噪声，高斯白噪声能够刻画多种因素造成的随机干扰，因此它能很好地反映群体性突发事件过程中社会群体受到多种不确定因素的随机干扰影响。当 $t>0$，步长 $h>0$ 时，其增量 $\Delta\omega(t) = \omega(t+h) - \omega(t)$服从正态分布 $N(0, \sqrt{h})$；

σ 表示随机扰动的强度，其为正常数。

式(6－12)和式(6－13)为一维伊藤随机微分方程，由于 $c_4 - c_2 < c_3 - c_1$，则满足 $c_2 - c_4 > c_1 - c_3$，因此，式(6－12)和式(6－13)反映两类异质群体受到干扰影响后的不同演化过程。

第三节　模型分析与求解

一　模型稳定性分析

当社会群体采取合作策略时，提供一个初始的收益分配方案，只有当两类群体都接受该方案时，系统处于稳定状态，即当初值 $p(t)=0$ 或 $q(t)=0$ 时，式（6－12）和式（6－13）都有解，这表明没有外界干扰时系统将始终处于该稳定状态。但在现实中是不存在的，受到内外部环境变化的干扰，必然会对系统的稳定性产生影响。在 2011 年发生的"云南绥江"失地移民围堵县城群体性突发事件中，当地绥江县政府对失地移民采取逐年补偿安置方案，但随着安置标准较低、失地后就业面临众多困境等影响因素的不断积累，使得移民群体对安置方案的不满和困惑越来越激烈，导致了围堵县城的群体性事件。因此，必须考虑随机因素的干扰对系统稳定性的影响，依据随机微分方程对强势群体演化式（6－12）和弱势群体演化式（6－13）进行稳定性判别：

引理 6.1　给定一个随机微分方程（胡适耕等，2008）：

$$dx(t) = f[t, x(t)]dt + g[t, x(t)]d\omega(t), \quad x(t_0) = x_0 \qquad (6-14)$$

设存在函数 V(t, x) 与正常数 c_1、c_2 使得：

$$c_1 |x|^p \leqslant V(t, x) \leqslant c_2 |x|^p, \quad t \geqslant 0 \qquad (6-15)$$

1）若存在正常数 γ，使得：

$$LV(t, x) \leqslant -\gamma V(t, x), \quad t \geqslant 0 \qquad (6-16)$$

则式（6－14）的零解 p 阶矩指数稳定，且成立：

$$E|x(t, x_0)|^p < (c_2/c_1)|x_0|^p e^{-\gamma t}, \quad t \geqslant 0 \qquad (6-17)$$

2）若存在正常数 γ，使得：

$$LV(t, x) \geqslant \gamma V(t, x), \quad t \geqslant 0 \tag{6-18}$$

则式（6－14）的零解 p 阶矩指数不稳定，且成立：

$$E|x(t, x_0)|^p \geqslant (c_2/c_1)|x_0|^p e^{-\gamma t}, \quad t \geqslant 0 \tag{6-19}$$

根据上述引理，得到针对式（6－12）和式（6－13）的稳定性判定依据。

定理 6.1　针对式(6－12)，这里取 $V[t, p(t)] = p(t)$，$p(t) \in [0, 1]$，$c_1 = c_2 = 1$，$p = 1$，$\gamma = 1$，则 $LV[t, p(t)] = f[t, p(t)]$。于是有：

1）当 $q(t) \geqslant \frac{\delta + c_2 - \beta - 1}{c_2 - c_4}$ 且 $\delta - \beta + c_4 \geqslant 1$ 时，则式（6－12）的零解矩指数稳定；2）当 $q(t) \leqslant \frac{\delta + 1 + c_2 - \beta}{c_2 - c_4}$ 且 $\beta - \delta - c_2 \geqslant 1$ 时，则式（6－12）的零解矩指数不稳定。

证明：针对式(6－12)，取 $c_1 = c_2 = 1$，$p = 1$，$\gamma = 1$，$V[t, p(t)] = p(t)$ 时，$LV(t, x) = f(t, x) = (c_2 - c_4)q(t)p(t) + (-c_2 - \delta + \beta)p(t)$。

（1）式（6－12）零解矩指数稳定是表示当 $t \to \infty$ 时，其解 $x(t, x_0)$ 将最终收敛于 0，则需要满足条件 $(c_2 - c_4)q(t)p(t) + (-c_2 - \delta + \beta)p(t) \leqslant -p(t)$，由此可以进一步得到：$[(c_2 - c_4)q(t) + (-c_2 - \delta + \beta) + 1]p(t) \leqslant 0$。由于 $p(t) \in [0, 1]$，则需要满足条件 $(c_2 - c_4)q(t) + (-c_2 - \delta + \beta) + 1 \leqslant 0$，即可以求得 $q(t) \geqslant \frac{\delta + c_2 - \beta - 1}{c_2 - c_4}$，且满足 $\frac{\delta + c_2 - \beta - 1}{c_2 - c_4} \leqslant 1$，则得到式(6－12)零解矩指数稳定条件为：$q(t) \geqslant \frac{\delta + c_2 - \beta - 1}{c_2 - c_4}$ 且 $\delta - \beta + c_4 \geqslant 1$。

（2）式（6－12）零解矩指数不稳定是表示当 $t \to \infty$ 时，其解 $x(t, x_0)$ 将最终收敛于 1，则需要满足条件 $(c_2 - c_4)q(t)p(t) + (-c_2 - \delta + \beta)p(t) \geqslant p(t)$，由此可以得到：$[(c_2 - c_4)q(t) + (-c_2 -$

$\delta+\beta)-1]p(t)\geqslant 0$，可以求得 $q(t)\leqslant\frac{\delta+1+c_2-\beta}{c_2-c_4}$，且满足 $\frac{\delta+1+c_2-\beta}{c_2-c_4}\geqslant 0$，于是能得到式(6－12)零解矩指数不稳定条件为：$q(t)\leqslant\frac{\delta+1+c_2-\beta}{c_2-c_4}$且 $\beta-\delta-c_2\geqslant 1$。

定理6.1表明：强势群体在满足条件（1）前提下，即此时 $c_2+\delta>\beta$，这表明当强势群体采取强硬策略造成的信誉损失与行动成本之和超过获得的额外收益等经济利益时，经过多次博弈，最终强势群体会放弃强硬策略，采取合作；而在条件（2）情况下，此时 $\beta>\delta+c_4$，这表明强势群体通过强硬策略获得的额外收益超过由此带来的信誉损失与行动成本之和时强势群体更倾向于采取强硬策略，这为在实践中避免社会强势群体过多采取强硬策略提供了理论依据。

定理6.2 针对式（6－13），这里取 $V[t, q(t)]=q(t)$，$q(t)\in[0, 1]$，$c_1=c_2=1$，$p=1$，$\gamma=1$，则 $LV[t, q(t)]=f[t, q(t)]$。于是有：

1）当 $p(t)\geqslant\frac{c_1-\phi-1}{c_1-c_3}$且 $c_3-\phi\geqslant 1$ 时，则式(6－13)的零解矩指数稳定；2)当 $p(t)\leqslant\frac{c_1-\phi+1}{c_1-c_3}$且 $\phi-c_1\geqslant 1$ 时，则式(6－13)的零解矩指数不稳定。

证明：针对式（6－13），取 $c_1=c_2=1$，$p=1$，$\gamma=1$，$V[t, q(t)]=q(t)$时，$LV(t, x)=f(t, x)=(c_1-c_3)p(t)q(t)+(-c_1+\phi)q(t)$

（1）式（6－13）零解矩指数稳定，则需满足 $(c_1-c_3)p(t)q(t)+(-c_1+\phi)q(t)\leqslant -q(t)$，即 $[(c_1-c_3)p(t)+(-c_1+\phi)+1]q(t)\leqslant 0$。

由于 $q(t)\in[0, 1]$，则 $(c_1-c_3)p(t)+(-c_1+\phi)+1\leqslant 0$，求得$p(t)\geqslant\frac{c_1-\phi-1}{c_1-c_3}$，且满足$\frac{c_1-\phi-1}{c_1-c_3}\leqslant 1$，于是得到式(6－13)的零

解矩指数稳定条件 $p(t) \geqslant \frac{c_1 - \phi - 1}{c_1 - c_3}$ 且 $c_3 - \phi \geqslant 1$。

（2）式（6-13）零解矩指数不稳定，则满足 $(c_1 - c_3)p(t)q(t) + (-c_1 + \phi)q(t) \geqslant q(t)$，即 $[(c_1 - c_3)p(t) + (-c_1 + \phi) - 1]q(t) \geqslant 0$，可以求得 $p(t) \leqslant \frac{c_1 - \phi + 1}{c_1 - c_3}$，且满足 $\frac{c_1 - \phi + 1}{c_1 - c_3} \geqslant 0$，于是得到式 (6-13) 的零解矩指数不稳定条件 $p(t) \leqslant \frac{c_1 - \phi + 1}{c_1 - c_3}$ 且 $\phi - c_1 \geqslant 1$。

定理 6.2 表明：弱势群体在满足条件（1）前提下，即此时 $c_1 > \phi$，这表明弱势群体采取抗争策略的成本大于通过采取抗争策略获得的额外收益时，经过多次博弈，最终弱势群体会妥协，采取合作策略；而在条件（2）情况下，此时 $\phi > c_3$，表明弱势群体采取抗争策略获得的额外收益大于其采取抗争策略成本时，弱势群体更倾向于采取抗争策略，放弃合作策略。依据以上分析结果，可为防止群体抗争发生严重冲突局面，避免事态恶化提供实践指导。

结合定理 6.1 和定理 6.2 可以看出，当满足 $q(t) \geqslant \frac{\delta + c_2 - \beta - 1}{c_2 - c_4}$ 且 $\delta - \beta + c_4 \geqslant 1$，$p(t) \geqslant \frac{c_1 - \phi - 1}{c_1 - c_3}$ 且 $c_3 - \phi \geqslant 1$ 条件时，系统存在唯一演化稳定策略 ESS(0，0)，即强势群体与弱势群体最终都会采取(合作，合作)策略；当满足 $q(t) \leqslant \frac{\delta + 1 + c_2 - \beta}{c_2 - c_4}$ 且 $\beta - \delta - c_2 \geqslant 1$，$p(t) \leqslant \frac{c_1 - \phi + 1}{c_1 - c_3}$ 且 $\phi - c_1 \geqslant 1$ 条件时，此时系统存在唯一演化稳定策略 ESS（1，1），由于博弈双方的机会主义倾向，会导致博弈结局出现此非纳什均衡的博弈策略，即强势群体与弱势群体最终都会采取（强硬，抗争）策略，群体性突发事件爆发。

二　模型求解

式（6-12）和式（6-13）为非线性伊藤随机微分方程，不能直接求出其解析解，因此对其进行数值求解。将随机泰勒展开式和伊藤公式（Platen and Wagner，1982）应用于式（6-12）和式(6-

13）进行展开求解，为方便起见，先对如下伊藤随机微分方程进行讨论（Kloeden and Platen，1992）：

$$dx(t)=f[t,\ x(t)]dt+g[t,\ x(t)]d\omega(t) \tag{6-20}$$

其中，$t\in[t_0,\ T]$，$x(t_0)=x_0$，$x_0\in \mathrm{R}$，$\omega(t)$ 是标准温纳（Winner）过程。

令 $\mathrm{h}=(\mathrm{T}-\mathrm{t}_0)/\mathrm{N}$，$\mathrm{t}_\mathrm{n}=\mathrm{t}_0+\mathrm{nh}$，对式（6－20）进行随机泰勒展开：

$$x(t_{n+1})=x(t_n)+I_0 f[x(t_n)]dt+I_1 g[x(t_n)]+I_{11}L^1 g[x(t_n)]+I_{00}L^0 f[x(t_n)]+R \tag{6-21}$$

其中，R 是余项，算子 L^0 和 L^1 分别为：

$$L^0=f(x)\frac{\partial}{\partial x}+\frac{1}{2}g^2(x)\frac{\partial^2}{\partial x^2},\quad L^1=g(x)\frac{\partial}{\partial x},$$

$$I_0=h,\quad I_1=\Delta\omega_n,$$

$$I_{00}=\frac{1}{2}h^2,\quad I_{11}=\frac{1}{2}[(\Delta\omega_n)^2-h]$$

则式（6－20）可以表示为：

$$\begin{aligned}x(t_{n+1})=&x(t_n)+hf[x(t_n)]+\Delta\omega_n g[x(t_n)]+\\&\frac{1}{2}[(\Delta\omega_n)^2-h]g[x(t_n)]g'[x(t_n)]+\\&\frac{1}{2}h^2\left\{f[x(t_n)]f'[x(t_n)]+\frac{1}{2}g^2[x(t_n)]f''[x(t_n)]\right\}+R\end{aligned} \tag{6-22}$$

根据式（6－22）对式（6－12）和式（6－13）进行随机泰勒展开可以得到：

$$\begin{aligned}p(t_{n+1})=&p(t_n)+h[(c_2-c_4)q(t_n)p(t_n)+(c_2-\delta+\beta)p(t_n)]+\\&\Delta\omega_n[\sigma p(t_n)]+\frac{1}{2}[(\Delta\omega_n)^2-h][\sigma p(t_n)]+\\&\frac{1}{2}h^2\{[(c_2-c_4)q(t_n)p(t_n)+\\&(c_2-\delta+\beta)p(t_n)][(c_2-c_4)q(t_n)+(c_2-\delta+\beta)]\}+R_1\end{aligned} \tag{6-23}$$

$$q(t_{n+1}) = q(t_n) + h[(c_1 - c_3)p(t_n)q(t_n) + (-c_1 + \phi)q(t_n)] + \Delta\omega_n[\sigma q(t_n)] + \frac{1}{2}[(\Delta\omega_n)^2 - h][\sigma q(t_n)] + \frac{1}{2}h^2\{[(c_1 - c_3)p(t_n)q(t_n) + (-c_1 + \phi)q(t_n)][(c_1 - c_3)p(t_n) + (-c_1 + \phi)]\} + R_2 \tag{6-24}$$

其中，R_1、R_2 是余项。随机泰勒展开式是随机微分方程数值算法的基础，在实际应用中，一般采用 Euler 方法和米尔斯坦方法对模型进行数值模拟（Platen and Wagner，1982）。求解式（6－12）和式（6－13）的 Euler 方法和米尔斯坦方法就是在随机泰勒展开式的基础上截取部分项得到，本书是采用米尔斯坦数值方法进行求解，格式如下：

$$x(t_{n+1}) = x(t_n) + hf[x(t_n)] + \Delta\omega_n g[x(t_n)] + \frac{1}{2}[(\Delta\omega_n)^2 - h]g[x(t_n)]g'[x(t_n)] \tag{6-25}$$

通过式（6－25）对伊藤随机微分方程式（6－12）和式（6－13）进行数值求解。

第四节　情景仿真分析

假设在城市拆迁过程中参与群体包括：政府部门（强势群体）与被拆迁住户（弱势群体），强势群体拆迁后能获得收益 U＝20，弱势群体获得收益 V＝18，取模拟步长 h＝0.01。情景分析是对事件的不同演化状态进行探讨，模拟两类异质性群体在不同情景下的演化过程。通过改变随机扰动 σ 的强度，进行情景推演模拟，观察随机扰动 σ 变化对两类异质性群体的策略演化影响。

情景 1：强势群体与弱势群体采取（合作，合作）策略演化。

假定强势群体通过采用强硬策略获得 β＝11 的额外收益，同时因采用强硬策略会造成强势群体信誉损失为 $\delta=7$；弱势群体同样会采取抗争策略获得 $\phi=5$ 的额外收益。采取策略成本分别为：$c_1=6$，$c_2=5$，$c_3=12$，$c_4=9$。

这时，$\frac{\delta+c_2-\beta-1}{c_2-c_4}=0$ 满足式（6－12）零解矩指数稳定条件，强势群体最终演化至采取合作策略。此时 $c_2+\delta>\beta$，这表明当强势群体采取强硬策略造成的信誉损失与采取策略成本之和超过获得的额外收益等经济利益时，强势群体最终会放弃强硬策略，采取合作策略。

同理，$\frac{c_1-\phi-1}{c_1-c_3}=0$ 满足式（6－13）零解矩指数稳定条件，弱势群体也最终演化至采取合作策略，此时采取抗争策略的比例 $q(t)=0$。即 $c_1>\phi$，表明弱势群体采取抗争策略的成本大于通过采取抗争策略获得的额外收益时，弱势群体最终会妥协，采取合作策略。

为分析异质性群体在不同随机干扰下的策略演化规律，对式（6－12）中干扰强度参数 σ 分别取值 $\sigma=0.5$、$\sigma=1.0$ 和 $\sigma=2.0$，基于米尔斯坦方法进行数值模拟，仿真过程如图 6－1 所示。图中横坐标 N 表示采样次数，纵坐标 $p(t)$ 表示采取强硬策略的比例。同理，对式(6－13)中 σ 分别取值 $\sigma=0.5$、$\sigma=1.0$ 和 $\sigma=2.0$ 进行数值模拟，仿真过程如图 6－2 所示。图中横坐标 N 表示采样次数，纵坐标 $q(t)$ 表示采取抗争策略的比例。

（1）图 6－1 和图 6－2 都显示出在群体行为策略演化过程中由于受随机干扰因素的影响，呈现出一定幅度的波动，表明环境的不确定性会对群体策略的演化产生影响。这也反映出在社会群体性事件中，因社会矛盾激化、群体情绪相互感染、处置措施不当等不确定因素的干扰，都会造成群体策略行为选择的扰动。

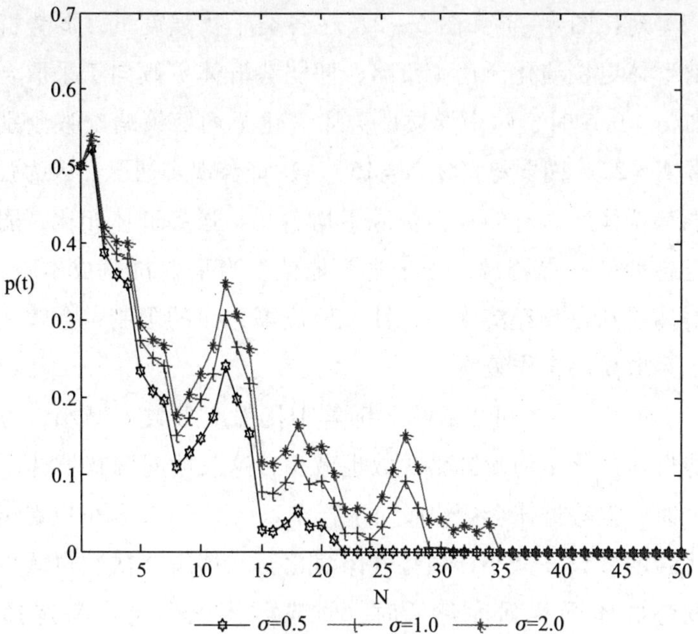

图 6－1　强势群体合作策略演化过程

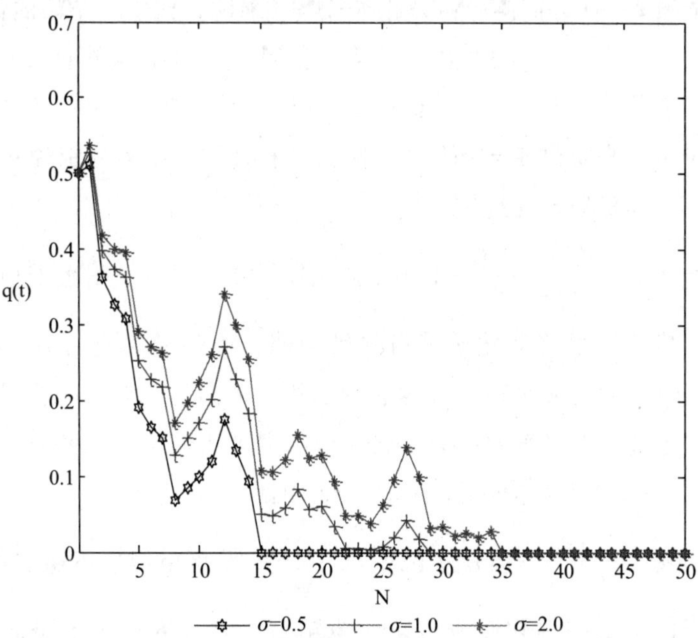

图 6－2　弱势群体合作策略演化过程

（2）对比图6－1和图6－2，在各类干扰强度下，弱势群体均比强势群体更快演化至均衡策略，即弱势群体更倾向于采取合作策略（如$\sigma=0.5$时，两个异质性群体演化至均衡策略次数分别是强势群体N=22，而弱势群体N=15）。这符合现实情况，因为强势群体与弱势群体所占有的社会资源不均衡，与强势群体相比，弱势群体缺乏各种信息等资源，处于劣势地位。当采取抗争成本较大时，弱势群体受到自身经济水平、社会地位等方面的限制，会较快放弃抗争，采取妥协合作策略。

（3）从图6－1可以看出，随着干扰强度参数σ减小，可以发现强势群体演化至均衡策略次数也减少，这表明对强势群体干扰强度降低时，强势群体会更快倾向于合作。从图6－2也可以看出，随着干扰强度参数σ减小，弱势群体演化至均衡策略次数也减少。表明对弱势群体干扰强度降低时，弱势群体也会更容易选择合作策略。

情景2：强势群体与弱势群体采取（强硬，抗争）策略演化。

假定强势群体通过采用强硬策略获得$\beta=12$的额外收益，同时因采用强硬策略会造成强势群体信誉损失为$\delta=4$；弱势群体同样会采取抗争策略获得$\phi=9$的额外收益。采取策略成本分别为$c_1=5$、$c_2=5$、$c_3=8$和$c_4=7$。

这时，$\frac{\delta+1+c_2-\beta}{c_2-c_4}=1$满足式（6－12）零解矩指数不稳定条件，强势群体最终演化至采取强硬策略，此时全部选择强硬策略$p(t)=1$。此时$\beta>\delta+c_4$，这表明强势群体通过强硬策略获得的额外收益超过由此带来的信誉损失与采取强硬策略成本之和时，强势群体最终会放弃合作策略，采取强硬策略。

同理，$\frac{c_1-\phi+1}{c_1-c_3}=1$满足式（6－13）零解矩指数不稳定条件，弱势群体也最终演化至采取抗争策略，此时采取抗争策略的比例$q(t)=1$。此时即$\phi>c_3$，表明弱势群体采取抗争策略获得的额外收益大于其采取抗争策略成本时，弱势群体更倾向于采取抗争策略。

对式（6－12）中 σ 分别取值 σ＝0.5、σ＝1.0 和 σ＝2.0，基于米尔斯坦方法进行数值模拟，仿真过程如图 6－3 所示。对式（6－13）中 σ 分别取值 σ＝0.5、σ＝1.0 和 σ＝2.0 进行数值模拟，仿真过程如图 6－4 所示。

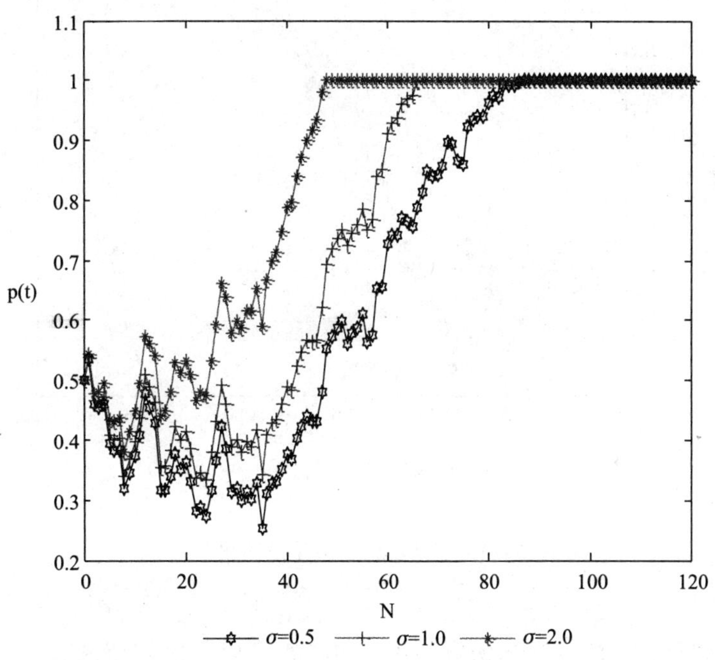

图 6－3　强势群体强硬策略演化过程

（1）对比图 6－3 和图 6－4，在各类干扰强度下，强势群体比弱势群体会更快演化至均衡策略，即强势群体更倾向于采取强硬策略（如 σ＝2.0 时，两个异质性群体演化至均衡策略次数分别是强势群体 N＝49，而弱势群体 N＝60）。

（2）从图 6－3 可以看出，随着白噪声强度参数 σ 增大，可以发现强势群体演化至均衡策略次数减少，这表明外界环境对强势群体干扰强度增大时，强势群体会更快倾向于强硬策略。从图 6－4 可以看出，随着白噪声强度参数 σ 增大，弱势群体演化至均衡策略次数会减少。

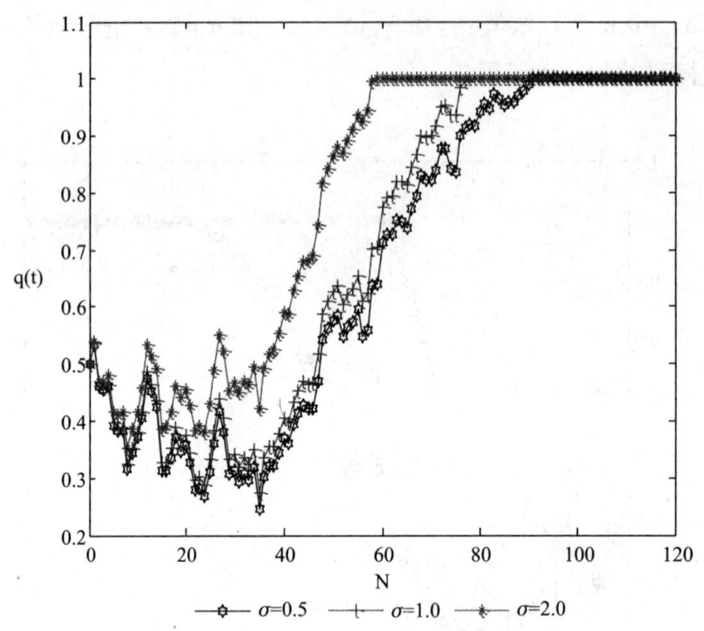

图 6－4　弱势群体抗争策略演化过程

基于以上情景推演仿真结果，可以得到以下研究结论：

（1）由于受随机干扰因素的影响，群体性突发事件中群体行为策略演化过程中会呈现出一定幅度的波动，表明环境的不确定性对群体策略的演化产生显著影响。这也反映出在社会群体性事件中，因社会矛盾激化、群体情绪相互感染、处置措施不当等不确定因素的干扰，都会造成群体策略行为选择的扰动。

（2）在不确定环境下，强势群体与弱势群体这两类异质性群体受随机因素的干扰影响，当采取抗争策略成本较大时，随着白噪声强度减小，弱势群体会较快妥协，采取合作策略；当采取强硬策略获取额外收益较大时，随着白噪声强度增大，强势群体会更倾向于采取强硬策略，放弃合作策略。

（3）对两类群体干扰强度增大时，双方更容易选择强硬策略；反之，双方更容易选择合作策略。这说明为避免双方群体选择强硬策略发生群体暴力事件，政府决策部门应及时解决处置外部环境（如诉求不畅、应急薄弱）和内部环境（如群体情绪、群体组织）等因素的影响，降低随机干扰强度，维护社会稳定。

本章小结

本章考虑了不确定环境下群体性突发事件的演化问题，基于演化博弈理论研究了群体性突发事件中强势群体与弱势群体策略选择的演化过程，依据复制动态方程得到了两个群体的行为演化规律。考虑到群体性突发事件演化过程中的随机扰动，引入高斯白噪声来反映群体性突发事件演化过程中受到的随机干扰，建立了不确定环境下群体性突发事件的随机演化博弈模型，分析了弱势群体与强势群体行为策略的稳定性。最后，运用随机泰勒展开理论和伊藤随机微分方程对模型进行求解，在此基础上进行了情景推演模拟。结合情景推演结果，对群体性突发事件“情景—应对”提出以下几点建议：

（1）由于群体所处环境的不确定性会造成群体策略演化过程出现波动，例如社会矛盾激化、群体情绪相互感染等不确定因素都会影响群体策略选择。为避免群体策略发生大幅度波动导致群体冲突，必须积极引导社会认知，疏导群体不满情绪，降低群体个体间的情绪感染，正确引导舆论导向，缓解社会紧张，降低群体性突发事件的发生概率。

（2）弱势群体因抗争成本较大，更倾向于采取合作策略，这就导致强势群体通过提高弱势群体抗争成本迫使弱势群体妥协，例如，增加上访难度、加大惩罚力度等措施。但频繁采用这些措施手段，势必会造成弱势群体对强势群体的不满积聚。像2014年云南晋宁“10·14”征地引发的群体性突发事件，正是由于当地政府没有及时处理群众上访诉求，长期积累的矛盾得不到解决而导致的后果。为避免此类群体性事件发生，这就要求强势群体不能盲目地采取提高抗争成本迫使弱势群体妥协，而是应该积极与弱势群体进行协商，建立畅通的社会沟通渠道，充分考虑其合理的利益诉求，制订科学的决策方案。同时，弱势群体需采取合理的方式表达自身的诉求，避免采取极端的方式造成冲突。

（3）强势群体虽拥有优势地位，更倾向于采取强硬策略，但这只能暂时抑制矛盾，并不能从根本上解决与弱势群体的矛盾。过度采取强硬措施，不仅会造成强势群体的信誉等损失（如政府公信力降低），而且容易进一步激发与弱势群体的矛盾，导致严重的群体性事件。因此，强势群体应该在与弱势群体互利互惠的基础上进行合作，保障弱势群体利益，通过合作互动化解矛盾，尽量避免采取强硬措施。

综合上述分析，可以发现群体性突发事件的演化过程具有高度不确定性和复杂性。因此，在现实中需考虑到群体性突发事件发生环境的不确定性，制订相应的决策方案来预防和应对群体性突发事件。本书通过模型构建和情景仿真得到了一些研究结论并提出了相应的对策建议，旨在为政府机构科学应对群体性突发事件提供决策支撑。

第七章　结论与展望

本章首先对全书的研究内容与创新之处进行了总结，归纳了本书研究内容的创新点；最后指出了研究的几处不足点，并提出了未来可以扩展的研究方向。

第一节　研究结论与创新之处

当前我国社会正处于转型期，随着改革开放的深入和社会转型的加速，我国正步入群体性突发事件的多发阶段。群体性突发事件的发展演化具有高度复杂性，它的频繁发生及其越来越明显的对抗形式引起社会各界的广泛关注，已经成为影响社会稳定的一个重要因素。正确识别和深刻分析群体性突发事件的发展演化机理，对于预防和处理群体性突发事件，减少社会损失，维护社会和谐与稳定具有重要意义。基于上述背景，本书运用管理学、运筹学、社会学、演化博弈理论和复杂网络理论等相关理论和方法，研究了群体性突发事件的发展演化机理问题。本书旨在研究群体性突发事件的发展演化机理问题：首先，介绍群体性突发事件的内涵、特点及分类，并结合典型群体性突发事件案例进行了说明；其次，研究群体性突发事件的演化情景问题；再次，研究群体性突发事件中不同社会群体的利益博弈策略问题；又次，研究不同社会网络的拓扑结构对群体性突发事件演化的影响问题；最后，分析不确定环境下群体性突发事件群体策略的随机干扰问题。对本书的研究工作及创新之处总结如下：

一 群体性突发事件的演化情景模型

针对目前研究缺乏从属性角度分析群体性突发事件演化过程，本书采用了多案例分析方法提取群体性突发事件的属性。在分析群体性突发事件演化过程中相关属性基础上，利用基于模糊集和随机 Petri 网的建模分析方法，根据随机 Petri 网与马尔科夫链的同构关系，构建了群体性突发事件演化的随机 Petri 网模型和等价马尔科夫链模型，抽象出群体性突发事件演化过程，并加以情景推演模拟仿真分析。通过研究发现群体性突发事件是由于不同社会群体的利益博弈加剧了社会矛盾激化，当社会结构性压力超过社会承受阈值时，在导火索事件诱发下群体行为爆发的过程；同时，群体情绪的相互感染和结构性传导，使群体社会认知产生偏差，导致行为缺乏理性，最终促成群体性突发事件发生。

二 群体性突发事件异质性群体的演化博弈模型

为了分析不同社会群体的利益博弈问题，基于演化博弈理论研究了群体性突发事件中两类异质性群体即强势群体与弱势群体策略选择的演化过程，建立了未引入惩罚机制和引入惩罚机制两种情景下的群体性突发事件演化博弈模型，并分析了弱势群体与强势群体行为策略的稳定性。

情景 1：在未引入上级政府惩罚机制下，本书分析了两类异质性群体的策略演化问题，给出了强势群体与弱势群体选择合作策略或强硬对抗策略满足的条件，并对比分析了强势群体与弱势群体到达均衡策略的演化不同。此外，还研究了群体策略演化速度与策略选择初始比例之间的关系。

情景 2：在引入上级政府惩罚机制下，针对现有研究未能考虑上级政府惩罚对群体策略演化的影响，本书在群体性突发事件演化模型基础上引入了上级政府惩罚。扩展研究了两个异质性群体放弃强硬对抗策略，最终选择合作策略时，上级政府惩罚力度需满足的条件。同时，分析了随着上级政府施加的惩罚力度增大对两类异质性群体策略的演化影响。

三　不同社会网络结构下群体性突发事件的演化博弈模型

针对不同社会网络结构下群体性突发事件中群体策略选择的演化问题，现有文献研究缺乏从复杂网络和演化博弈视角研究该问题。基于此，本书借助复杂网络和演化博弈理论构建了群体性突发事件社会网络演化博弈模型，分析了不同社会网络的拓扑结构对个体策略选择与行为模式的影响。基于 WS 小世界网络、BA 无标度网络对弱势群体社会网络上的演化博弈进行了分析，研究了社会网络中节点之间的博弈策略演化过程。对网络中个体博弈与群体结构的协同演化模型进行情景仿真模拟，分析了 WS 小世界网络重连概率，以及 BA 无标度网络初始节点数和新节点连接边数的变化对均衡策略演化影响，并进一步对比分析了 WS 小世界网络与 BA 无标度网络上策略演化的不同。

四　不确定环境下群体性突发事件的随机演化博弈模型

以往研究主要在确定环境下探讨群体性突发事件的演化过程，尚未有研究不确定环境下群体性突发事件的演化问题。针对此问题，本书基于随机演化博弈理论分析了不确定环境下群体性突发事件的演化规律。首先，基于演化博弈理论研究了群体性突发事件中强势群体与弱势群体策略选择的演化过程，依据复制动态方程得到了两个群体的行为演化规律。其次，考虑到群体性突发事件演化过程中的随机扰动，引入高斯白噪声来反映群体性突发事件演化过程中受到的随机干扰，建立了不确定环境下群体性突发事件的随机演化博弈模型，分析了弱势群体与强势群体行为策略的稳定性。最后，运用随机泰勒展开理论和伊藤随机微分方程对模型进行了求解，分析了不确定环境对群体策略的随机干扰问题。结合上述情景仿真结果提出了相应的对策建议，为群体性突发事件“情景—应对”提供应急决策支持。

第二节　研究展望

本书针对群体性突发事件的发展演化机理问题展开了相关研究：首先研究了群体性突发事件的演化情景问题；在此基础上进一步研究了群体性突发事件中不同社会群体的利益博弈策略问题；并分析了不同社会网络的拓扑结构对群体性突发事件演化的影响问题；最后研究不确定环境下群体性突发事件群体策略演化的随机干扰问题，基于情景仿真结果提出了相应的对策建议，取得了一定的理论成果。作为管理学、社会学的交叉学科，关于群体性突发事件演化机理的研究内容还有很多，本书仅对其中的一些问题进行了研究，还有许多问题需要进一步深入研究，主要体现在以下几个方面：

一　关于群体性突发事件演化的模型和实证结合研究

本书是基于群体性突发事件实际问题，采用模型的方法得到了以上研究结论，并利用数值情景仿真分析进行了模拟验证。另外，目前有些研究群体性突发事件采用了实证的研究方法，通过调查问卷、专家访谈等方式针对群体性突发事件参与者的影响因素进行了实证分析。如何进一步利用模型结合实际数据分析群体性突发事件的演化规律，借助实证方法来检验本书的研究问题，提高政府的决策效率是下一步亟待深入研究的问题。

二　关于群体性突发事件中舆情传播问题研究

在群体性突发事件演化过程中，舆情的传播对群体性突发事件的影响不可忽视。特别是近些年以互联网络和移动通信技术等兴起的新媒介，改变了以往信息传播的传统方式。借助微博、微信、聊天工具等新媒体，舆情的传播速度、传播特性和传播渠道都发生了质的改变。许多群体性突发事件都是由于在谣言的恶性传播中，导致事件愈演愈烈，造成更大的危害后果。如何分析群体性突发事件中舆情的传播规律，正确引导舆情方向，避免负面的群体情绪是接下来要探究的一个重点问题。

三　关于群体性突发事件中群体行为涌现问题研究

在群体聚集时，当群体的负面情绪积累到一定程度后，就会导致极端暴力行为的出现，而这种暴力行为的负面影响会在聚集的社会群体中扩散，使得更多的群体过激行为涌现，出现“羊群效应”。“羊群效应”的产生是由于个体忽略自己掌握的信息，而盲目追随大众的行为现象（Wever and Aadland，2012；Cakan and Balagyozyan，2014）。因此，需要进一步剖析影响群体过激等非理性行为的特征要素，分析群体性突发事件中群体行为涌现演变的内在性规律。如何从心理学、行为学、社会学等多学科探究群体性突发事件中群体行为的涌现现象也是未来值得考虑的问题。

四　关于动态社会网络结构下群体性突发事件的演化问题

本书所探讨的是基于静态社会网络结构分析群体性突发事件的演化问题，而现实中随着时间的变化，社会网络内部结构会发生变化，其必然对群体性突发事件的演化产生新的影响。在动态社会网络结构下，如何分析不同社会利益群体的博弈策略演化规律，考虑社会网络结构随时间变化对群体行为的影响，进一步探究动态社会网络拓扑结构下群体性突发事件的发展演化问题也是将来需要深入研究的重点问题。

五　关于群体性突发事件的预警问题

本书主要研究了群体性突发事件的演化模型问题，接下来需要在分析群体性突发事件演化机理基础上，提出政府部门应对群体性突发事件的预警机制。由于群体性突发事件演化过程中涉及的属性因素较多，如何将这些属性因素进行归纳总结，在群体性突发事件萌发前期对其进行应对处置，是接下来要研究的一个关键问题。同时，应该重视群体性突发事件过程中多部门联防联动机制的建立，通过何种机制能够对多部门进行信息共享，及时进行群体性突发事件的预警，控制群体性突发事件的发展演化，也是将来需要重点研究的一个新方向。

参考文献

[1] 陈丽华:《群体性突发事件产生的根源、特征及防范》,《党政干部学刊》2002 年第 7 期。

[2] 陈月生:《群体性突发事件与舆情》,天津社会科学院出版社 2005 年版。

[3] 方志耕、杨保华、陆志鹏等:《基于 Bayes 推理的灾害演化 GERT 网络模型研究》,《中国管理科学》2009 年第 2 期。

[4] 付允、刘怡君、牛文元等:《和谐社会构建中群体性事件演化过程分析》,《和谐发展与系统工程——中国系统工程学会第十五届年会论文集》,2008 年。

[5] 胡适耕、黄乘明、吴付科:《随机微分方程》,科学出版社 2008 年版。

[6] 胡渊:《论突发性群体行为的心理原因及其疏导——由“池州事件”引发的思考》,《山东高等学校社会科学学报》2009 年第 7 期。

[7] 黄凌娟:《群体性事件概念之简析》,《公安教育》2007 年第 3 期。

[8] 姜卉、黄钧:《罕见重大突发事件应急实时决策中的情景演变》,《华中科技大学学报》2009 年第 1 期。

[9] 姜金贵、张鹏飞、付棣等:《群体性突发事件诱发因素及发生机理研究——基于扎根理论》,《情报杂志》2015 年第 1 期。

[10] 李仕明、刘娟娟、王博等:《基于情景的非常规突发事件应急管理研究——“2009 突发事件应急管理论坛”综述》,《电子

科技大学学报》（社会科学版）2010 年第 1 期。

[11] 李勇建、乔晓娇、孙晓晨：《突发事件结构化描述框架研究》，《电子科技大学学报》（社会科学版）2013 年第 1 期。

[12] 李勇建、王循庆、乔晓娇：《基于广义随机 Petri 网的重大传染病传播演化模型研究》，《中国管理科学》2014 年第 3 期。

[13] 林闯：《随机 Petri 网和系统性能评价》，清华大学出版社 2000 年版。

[14] 刘德海、陈静锋：《环境群体性事件“信息—权利”协同演化的仿真分析》，《系统工程理论与实践》2014 年第 12 期。

[15] 刘德海、王维国：《维权型群体性突发事件社会网络结构与策略的协同演化机制》，《中国管理科学》2012 年第 3 期。

[16] 刘德海、王维国：《群体性突发事件争夺优先行动权的演化情景分析》，《公共管理学报》2011 年第 2 期。

[17] 刘德海、尹丽娟：《基于情景分析的城市拆迁突发事件博弈均衡演化模型》，《管理评论》2012 年第 5 期。

[18] 刘德海：《环境污染群体性突发事件的协同演化机制》，《公共管理学报》2013 年第 4 期。

[19] 刘德海：《群体性突发事件发生机理的多阶段动态博弈模型分析》，《运筹与管理》2011 年第 2 期。

[20] 刘德海：《信息交流在群体性突发事件处理中作用的博弈分析》，《中国管理科学》2005 年第 3 期。

[21] 刘德海：《政府不同应急管理模式下群体性突发事件的演化分析》，《系统工程理论与实践》2010 年第 11 期。

[22] 刘铁民：《情景依赖型非常规突发事件应急管理研究》，《第三届国际应急管理论坛暨中国（双法）应急管理专业委员会第五届年会》，2008 年 8 月。

[23] 罗成琳、李向阳：《突发性群体事件及其演化机理分析》，《中国软科学》2009 年第 6 期。

[24] 马建华、陈安：《突发事件的演化模式分析》，《安全》2009

年第 12 期。

[25] 孟庆英：《论群体性事件的诱因及预防》，《理论探索》2006 年第 6 期。

[26] 裘江南、师花艳、叶鑫等：《基于事件的定性知识表示模型》，《系统工程》2009 年第 10 期。

[27] 裘江南、王延章、董磊磊等：《基于贝叶斯网络的突发事件预测模型》，《系统管理学报》2011 年第 1 期。

[28] 佘廉、吴国斌：《突发事件演化与应急决策研究》，《交通企业管理》2006 年第 12 期。

[29] 盛济川、施国庆、尚凯：《水电移民群体性突发事件的演化博弈分析》，《统计与决策》2009 年第 13 期。

[30] 孙斌：《基于情景分析的战略风险管理研究》，硕士学位论文，上海交通大学，2009 年。

[31] 孙康、廖猕武：《群体性突发事件的演化博弈分析——以辽东湾海蜇捕捞为例》，《系统工程》2006 年第 11 期。

[32] 王赐江：《群体性事件类型化及发展趋向》，《长江论坛》2010 年第 4 期。

[33] 王来华、陈月生：《论群体性突发事件的基本含义、特征和类型》，《理论与现代化》2006 年第 5 期。

[34] 王循庆、李勇建、孙华丽：《基于随机 Petri 网的群体性突发事件情景演变模型》，《管理评论》2014 年第 8 期。

[35] 王战军：《群体性事件的界定及其多维分析》，《政法学刊》2006 年第 5 期。

[36] 王志远：《群体性突发事件爆发的博弈分析——以日本震后中国抢盐风潮为例》，《广西民族师范学院学报》2012 年第 5 期。

[37] 魏玖长、韦玉芳、周磊：《群体性突发事件中群体行为的演化态势研究》，《电子科技大学学报》（社会科学版）2011 年第 6 期。

[38] 魏新文、高峰：《处置群体性事件的困境与出路——以警察权的配置与运行为视角》，《中共中央党校学报》2007 年第 1 期。

[39] 吴广谋、赵伟川、江亿平：《城市重特大事故情景再现与态势推演决策模型研究》，《东南大学学报》（哲学社会科学版）2011 年第 1 期。

[40] 吴国斌：《突发公共事件扩散机理研究——以三峡坝区为例》，博士学位论文，武汉理工大学，2006 年。

[41] 吴雪芹、王宏波：《农民群体性事件动态演化过程分析》，《西北农林科技大学学报》（社会科学版）2013 年第 1 期。

[42] 吴志宏：《安徽池州发生群体性事件》，《池州日报》2005 年 6 月 27 日。

[43] 向德平、陈琦：《社会转型时期群体性事件研究》，《社会科学研究》2003 年第 4 期。

[44] 向良云：《重大群体性事件：基于公共安全“风险—危机”视角的解读》，《南京工业大学学报》（社会科学版）2013 年第 1 期。

[45] 向良云：《重大群体性事件演化升级的影响因素分析——基于扎根理论方法的研究》，《情报杂志》2012 年第 4 期。

[46] 徐岩、胡斌、钱任：《基于随机演化博弈的战略联盟稳定性分析和仿真》，《系统工程理论与实践》2011 年第 5 期。

[47] 徐寅峰、刘德海：《群体性突发事件产生根源的主观博弈分析》，《预测》2004 年第 6 期。

[48] 杨保华、方志耕、刘思峰等：《基于 GERTS 网络的非常规突发事件情景推演共力耦合模型》，《系统工程理论与实践》2012 年第 5 期。

[49] 杨连专：《论突发性群体事件的法制防范与控制机制》，《昆明理工大学学报》（社会科学版）2008 年第 3 期。

[50] 杨英法、李文华：《论群体性突发事件预防和处置机制的构

建》，《学术交流》2006 年第 5 期。

[51] 于建嵘：《当前我国群体性事件的主要类型及其基本特征》，《中国政法大学学报》2009 年第 6 期。

[52] 袁晓芳、田水承、王莉：《基于 PSR 与贝叶斯网络的非常规突发事件情景分析》，《中国安全科学学报》2011 年第 1 期。

[53] 张承伟：《基于知识元的非常规突发事件情景建模》，《情报杂志》2012 年第 7 期。

[54] 张明军、陈朋：《2011 年中国社会典型群体性事件的基本态势及学理沉思》，《当代世界与社会主义》2012 年第 1 期。

[55] 赵鹏、刘文国、王丽：《"典型群体性事件"的警号》，《瞭望》2008 年第 36 期。

[56] 赵守东：《群体性事件的体制性症结及解决思路》，《理论探讨》2007 年第 135 期。

[57] 仲秋雁、郭艳敏、王宁等：《基于知识元的非常规突发事件情景模型研究》，《情报科学》2012 年第 1 期。

[58] Abramson, G., Kuperman, M., "Social Games in a Social Network", *Physical Review E*, Vol. 63, No. 3, 2001, 030901.

[59] Ahmed, D. M., Sundaram, D., Piramuthu, S., "Knowledge-based Scenario Management - process and Support", *Decision Support Systems*, Vol. 49, No. 4, 2010, pp. 507-520.

[60] Amann, E., Possajennikov, A., "On the Stability of Evolutionary Dynamics in Games with Incomplete Information", *Mathematical Social Sciences*, Vol. 58, No. 3, 2009, pp. 310-321.

[61] Aoki, M., Okuno-Fujiwara, M., Comparative Institutional Analysis: *A New Approach to Economic Systems*, Keizai Shisutemu no Hikaku Seido Bunseki, Tokyo: University of Tokyo Press, 1996.

[62] Aoki, M., *Towards a Comparative Institutional Analysis*, Boston, Massachusetts Institute of Technology, 2001.

[63] Aumann, R. J., "Backward Induction and Common Knowledge of

Rationality", *Games and Economic Behavior*, Vol. 8, No. 1, 1995, pp. 6 - 19.

[64] Barabási, A. L., Albert R., "Emergence of Scaling in Random Networks", Science, Vol. 286, No. 5439, 1999, pp. 509 - 512.

[65] Bethwaite, J., Tompkinson, P., "The Ultimatum Game and Non - selfish Utility Functions", *Journal of Economic Psychology*, Vol. 17, No. 2, 1996, pp. 259 - 271.

[66] Binmore, K. G., Samuelson, L., Vaughan, R., "Musical Chairs: Modeling Noisy Evolution", *Games and Economic Behavior*, Vol. 11, No. 1, 1995, pp. 1 - 35.

[67] Binmore, K., "Foundations of Game Theory", *Advances in Economic Theory*, No. 1, 1989, pp. 1 - 31.

[68] Blumer, H., "Attitudes and The Social Act", *Social Problems*, Vol. 3, No. 2, 1955, pp. 59 - 65.

[69] Boccaletti, S., Latora, V., Moreno, Y. et al., "Complex Networks: Structure and Dynamics", *Physics Reports*, Vol. 424, No. 4, 2006, pp. 175 - 308.

[70] Bradley, G. E., *A Proposed Mathematical Model for Computer Prediction of Crowd Movements and Their Associated Risks*, Proceedings of the International Conference on Engineering for Crowd Safety, 1993, pp. 303 - 311.

[71] Brogan, D. C., Hodgins, J. K., "Group Behaviors for Systems with Significant Dynamics", *Autonomous Robots*, Vol. 4, No. 1, 1997, pp. 137 - 153.

[72] Burt, R. S., *Structural Holes: The Social Structure of Competition*, Harvard University Press, 2009.

[73] Cakan, E., Balagyozyan, A., "Herd Behaviour in the Turkish Banking Sector", *Applied Economics Letters*, Vol. 21, No. 2, 2014, pp. 75 - 79.

[74] Chen, X., Wang, L., "Promotion of Cooperation Induced by Appropriate Payoff Aspirations in A Small - world Networked Game", *Physical Review E*, Vol. 77, No. 1, 2008, 017103.

[75] Chung, F., Lu, L., "The Average Distances in Random Graphs with Given Expected Degrees", *Proceedings of The National Academy of Sciences*, Vol. 99, No. 25, 2002, pp. 15879 - 15882.

[76] Dahrendorf, R., *Class and Class Conflict in Industrial Society*, Stanford University Press, 1959.

[77] Dorogovtsev, S. N., Mendes, J. F. F., Samukhin, A. N., "Structure of Growing Networks with Preferential Linking", *Physical Review Letters*, Vol. 85, No. 21, 2000, p. 4633.

[78] Dorogovtsev, S. N., Mendes, J. F. F., "Exactly Solvable Small - world Network", *Europhysics Letters*, Vol. 50, No. 1, 2000, pp. 1 - 7.

[79] Dosi, G., Marengo, L., Fagiolo, G., *Learning in Evolutionary Environments*, LEM Dissertations Series 2003/20, Laboratory of Economics and Management, Working Dissertation Series, 2003.

[80] Du, W. B., Cao, X. B., Yang, H. X. et al., "Evolutionary Prisoner's Dilemma on Newman - Watts Social Networks with an Asymmetric Payoff Distribution Mechanism", *Chinese Physics B*, Vol. 19, No. 1, 2010, 010204.

[81] Du, W. B., Cao, X. B., Zheng, H. R. et al., "Evolutionary Games in Multi - agent Systems of Weighted Social Networks", *International Journal of Modern Physics C*, Vol. 20, No. 5, 2009, pp. 701 - 710.

[82] Eguíluz, V. M., Zimmermann, M. G., Cela - Conde, C. J. et al., "Cooperation and the Emergence of Role Differentiation in the Dynamics of Social Networks", *American Journal of Sociology*,

Vol. 110, No. 4, 2005, pp. 977 – 1008.

[83] Erwin, A., Alex, P., "On the Stability of Evolutionary Dynamics in Games with Incomplete Information", *Mathematical Social Science*, Vol. 58, 2009, pp. 310 – 321.

[84] Fink, A., Schlake, O., "Scenario Management: An Approach for Strategic Foresight", *Competitive Intelligence Review*, Vol. 11, No. 1, 2000, pp. 37 – 45.

[85] Fink, S., *Crisis Management: Planning for the Inevitable*, American Management Association, 1986.

[86] Finlay, P. N., "Steps Towards Scenario Planning", *Engineering Management Journal*, Vol. 8, No. 5, 1998, pp. 243 – 246.

[87] Form, W., Bae, K. H., "Convergence Theory and the Korean Connection", *Social Forces*, Vol. 66, No. 3, 1988, pp. 618 – 644.

[88] Friedman, D., "Evolutionary Games in Economics", *Econometrica: Journal of the Econometric Society*, No. 59, 1991, pp. 637 – 666.

[89] Friedman, D., "On Economic Applications of Evolutionary Game Theory", *Journal of Evolutionary Economics*, Vol. 8, No. 1, 1998, pp. 15 – 43.

[90] Fu, F., Chen, X., Liu, L. et al., "Promotion of Cooperation Induced by the Interplay between Structure and Game Dynamics", *Physica A: Statistical Mechanics and its Applications*, Vol. 383, No. 2, 2007, pp. 651 – 659.

[91] Fu, F., Chen, X., Liu, L. et al., "Social Dilemmas in an Online Social Network: the Structure and Evolution of Cooperation", *Physics Letters A*, Vol. 371, No. 1, 2007, pp. 58 – 64.

[92] Fu, F., Liu, L. H., Wang, L., "Evolutionary Prisoner's Dilemma on Heterogeneous Newman – Watts Small – world Network",

The European Physical Journal B, Vol. 56, No. 4, 2007, pp. 367 - 372.

[93] Fudenberg, D., *The Theory of Learning in Games*, MIT Press, 1998.

[94] Georgoff, D. M., Murdick, R. G., "Manager's Guide to Forecasting", *Harvard Business Review*, Vol. 1, No. 2, 1986, pp. 110 - 120.

[95] Gershuny, J., "The Choice of Scenarios", *Futures*, Vol. 8, No. 6, 1976, pp. 496 - 508.

[96] Ginsberg, M., Hopkins J., Maroufi, A. et al., "Swine Influenza A (H1N1) Infection in Two Children - Southern California, March - April 2009", *Morbidity and Mortality Weekly Report*, Vol. 58, No. 15, 2009, pp. 400 - 402.

[97] Hanaki, N., Peterhansl, A., Dodds, S. et al., "Cooperation in Evolving Social Networks", *Management Science*, Vol. 53, No. 7, 2007, pp. 1036 - 1050.

[98] Hauert, C., De Monte, S., Hofbauer, J. et al., "Volunteering as Red Queen Mechanism for Cooperation in Public Goods Games", *Science*, Vol. 296, No. 5570, 2002, pp. 1129 - 1132.

[99] Hauert, C., Szabó, G., "Game Theory and Physics", *American Journal of Physics*, Vol. 73, No. 5, 2005, pp. 405 - 414.

[100] Henderson, L. F., "The Statistics of Crowd Fluids", *Nature*, No. 229, 1971, pp. 381 - 383.

[101] Hughes, R. L., "The Flow of Large Crowds of Pedestrians", *Mathematics and Computers in Simulation*, Vol. 53, No. 4, 2000, pp. 367 - 370.

[102] Human, S. E., Provan, K. G., "Legitimacy Building in the Evolution of Small - firm Multilateral Networks: A Comparative

Study of Success and Demise", *Administrative Science Quarterly*, Vol. 45, No. 2, 2000, pp. 327 - 365.

[103] Huss, W. R., Honton, E. J., "Scenario Planning—What Style Should You Use?", *Long Range Planning*, Vol. 20, No. 4, 1987, pp. 21 - 29.

[104] Kersten, A., Sidky, M., "Re - aligning Rationality: Crisis Management and Prisoner Abuses in Iraq", *Public Relations Review*, Vol. 31, No. 4, 2005, pp. 471 - 478.

[105] Kim, B. J., Trusina, A., Holme, P. et al., "Dynamic Instabilities Induced by Asymmetric Influence: Prisoners' Dilemma Game in Small - world Networks", *Physical Review E*, Vol. 66, No. 2, 2002, p. 021907.

[106] Kleinberg, J. M., "Navigation In a Small World", *Nature*, Vol. 406, No. 6798, 2000, pp. 845 - 845.

[107] Kloeden, P. E., Platen, E., *Numerical Solution of Stochastic Differential Equations*, Springer - Verlag, Berlin Heidelberg, 1992.

[108] Kuhn, H. W., *Classics in Game Theory*, Princeton University Press, 1997.

[109] Kuklan, H., "Perception and Organizational Crisis Management", *Theory and Decision*, Vol. 25, No. 3, 1988, pp. 259 - 274.

[110] Langton, C. G., *Artificial Life*, Redwood City, CA: Addison - Wesley Publishing Company, 1989.

[111] Le Bon, G., *The Crowd: A Study of The Popular Mind*, New York: Macmillan, 1946.

[112] Lee, S., Kim, Y., "Coevolutionary Dynamics on Scale - free Networks", *Physical Review E*, Vol. 71, No. 5, 2005, p. 057102.

[113] Lieberman, E., Hauert, C., Nowak, M. A., "Evolutionary

Dynamics on Graphs", *Nature*, Vol. 433, No. 7023, 2005, pp. 312 –316.

[114] Lium, D. H., Wang, W. G., Li, H. Y., " Evolutionary Mechanism and Information Supervision of Public Opinions in Internet Emergency", *Procedia Computer Science*, Vol. 17, No. 5, 2013, pp. 973 –980.

[115] Liu, D., Wang, W., *How to Analyze a Type of Game Problem Between Dissymmetrical Players?*, 7th World Congress on Intelligent Control and Automation, 2008, pp. 6192 –6196.

[116] Lo, S. M., Huang, H. C., Wang, P. et al., "A Game Theory Based Exit Selection Model for Evacuation", *Fire Safety Journal*, Vol. 41, No. 5, 2006, pp. 364 –369.

[117] Luthi, L., Pestelacci, E., Tomassini, M., "Cooperation and Community Structure in Social Networks", *Physica A: Statistical Mechanics and its Applications*, Vol. 387, No. 4, 2008, pp. 955 – 966.

[118] Masuda, N., Aihara, K., "Spatial Prisoner' s Dilemma Optimally Played in Small – world Networks", *Physics Letters A*, Vol. 313, No. 1, 2003, pp. 55 –61.

[119] McCain, R. A., Game Theory: A Nontechnical Introduction to the Analysis of Strategy, *World Scientific*, 2010.

[120] Molloy, M. K., " Performance Analysis Using Stochastic Petri Nets", *Computers IEEE Transactions*, Vol. 100, No. 9, 1982, pp. 913 –917.

[121] Motter, A. E., Lai, Y. C., "Cascade – based Attacks on Complex Networks", *Physical Review E*, Vol. 66, No. 6, 2002, p. 065102.

[122] Myerson, R. B., *Game Theory: Analysis of Conflict*, Harvard University, 1991.

[123] Nash, J. F., "Equilibrium Points in N – person Games", *Proceedings of the National Academy of Sciences*, Vol. 36, No. 1, 1950, pp. 48 – 49.

[124] Newman, M. E. J., Watts, D. J., "Renormalization Group Analysis of the Small – world Network Model", *Physics Letters A*, Vol. 263, No. 4, 1999, pp. 341 – 346.

[125] Newman, M. E. J., Watts, D. J., "Scaling and Percolation in the Small – world Network Model", *Physical Review E*, Vol. 60, No. 6, 1999, pp. 7332 – 7342.

[126] Nishikawa, T., Motter, A. E., Lai, Y. C. et al., "Heterogeneity in Oscillator Networks: Are Smaller Worlds Easier to Synchronize?", *Physical Review Letters*, Vol. 91, No. 1, 2003, 014101.

[127] Nowak, M. A., "Five Rules for the Evolution of Cooperation", *Science*, Vol. 314, No. 5805, 2006, pp. 1560 – 1563.

[128] Ohtsuki, H., Hauert, C., Lieberman, E. et al., "A Simple Rule for the Evolution of Cooperation on Graphs and Social Networks", *Nature*, Vol. 441, No. 7092, 2006, pp. 502 – 505.

[129] Osborne, M. J., Rubinstein, A., *A Course in Game Theory*, MIT Press, 1994.

[130] Park, R. E., Burgess, E. W., *Introduction to the Science of Sociology*, Chicago: University of Chicago Press, 1921.

[131] Pastor – Satorras, R., Vespignani, A., "Epidemic Spreading in Scale – free Networks", *Physical Review Letters*, Vol. 86, No. 14, 2001, 3200.

[132] Pelechano, N., Allbeck, J. M., Badler, N. I., *Controlling Individual Agents in High – density Crowd Simulation*, Proceedings of the 2007 ACM SIGGRAPH/Eurographics Symposium on Computer Animation. Eurographics Association, 2007, pp. 99 –

108.

[133] Petri, C. A., *Kommunikation Mit Automaten*, Thesis, Institut für Instrumentelle Mathematik, Bonn, 1962.

[134] Platen, E., Wagner, W., "On a Taylor Formula for a Class of It? Processes", *Probability and Mathematical Statistics*, Vol. 3, No. 1, 1982, pp. 37 – 51.

[135] Porter, M. E., *Competitive Advantage*, New York: Free Press, 1982.

[136] Rakotonirainy, A., Loke, S. W., Fitzpatrick G., *Context – awareness for the Mobile Environment*, Proceedings of the Conference on Human Factors in Computing Systems, 2000.

[137] Ren, J., Wang, W. X., Qi, F., "Randomness Enhances Cooperation: A Resonance – type Phenomenon in Evolutionary Games", *Physical Review E*, Vol. 75, No. 4, 2007, 045101.

[138] Ren, J., Wang, W. X., Yan, G. et al., "Emergence of Cooperation Induced by Preferential Learning", *ArXiv Preprint Physics*, 2006, 0603007.

[139] Reynolds, C. W., "Flocks, Herds and Schools: A Distributed Behavioral Model", *ACM Siggraph Computer Graphics*, Vol. 21, No. 4, 1987, pp. 25 – 34.

[140] Rong, Z., Li, X., Wang, X., "Roles of Mixing Patterns in Cooperation on a Scale – free Networked Game", *Physical Review E*, Vol. 76, No. 2, 2007, 027101.

[141] Rosentha, L., U., Boin, A., Comfort, L. K., *Managing Crises: Threats, Dilemmas, Opportunities*, Springfield: Charles C Thomas, 2001.

[142] Santos, F. C., Pacheco, J. M., Lenaerts, T., "Evolutionary Dynamics of Social Dilemmas in Structured Heterogeneous Populations", *Proceedings of the National Academy of Sciences of the U-*

nited States of America, Vol. 103, No. 9, 2006, pp. 3490 - 3494.

[143] Santos, F. C., Pacheco, J. M., "Scale - free Networks Provide a Unifying Framework for the Emergence of Cooperation", *Physical Review Letters*, Vol. 95, No. 9, 2005, 098104.

[144] Schnaars, S. P., "How to Develop and Use Scenarios", *Long Range Planning*, Vol. 20, No. 1, 1987, pp. 105 - 114.

[145] Schoemaker, J. H., "When and How to Use Scenario Planning: a Heuristic Approach with Illustration", *Journal of Forecasting*, Vol. 10, No. 6, 1991, pp. 549 - 564.

[146] Sethi, R., "Strategy - specific Barriers to Learning and Nonmonotonic Selection Dynamics", *Games and Economic Behavior*, Vol. 23, No. 2, 1998, pp. 284 - 304.

[147] Shang, L. H., Li, X., Wang, X. F., "Cooperative Dynamics of Snowdrift Game on Spatial Distance - dependent Small - world Networks", *The European Physical Journal B - Condensed Matter and Complex Systems*, Vol. 54, No. 3, 2006, pp. 369 - 373.

[148] Simon, L., Pauchant, T. C., "Developing the Three Levels of Learning in Crisis Management: A Case Study of The Hagersville Tire Fire", *Review of Business*, Vol. 21, No. 3, 2000, pp. 6 - 11.

[149] Smelser, N. J., "Theory of Collective Behavior", *Public Opinion Quarterly*, No. 15, 1951, pp. 532 - 546.

[150] Smith, J. M., Price, G. R., "The Logic of Animal Conflict", *Nature*, No. 246, 1973, pp. 15 - 18.

[151] Smith, J. M., *Evolution and the Theory of Games*, Cambridge University Press, 1982.

[152] Stallings, R. A., Schepart, C. B., "Contrasting Local Government Responses to A Tornado Disaster in Two Communities", *In-*

ternational Journal of Mass Emergencies and Disasters, Vol. 5, No. 3, 1987, pp. 265 – 284.

[153] Szolnoki, A., Perc, M., Danku, Z., "Towards Effective Payoffs in the Prisoner's Dilemma Game on Scale – free Networks", *Physica A: Statistical Mechanics and its Applications*, Vol. 387, No. 8, 2008, pp. 2075 – 2082.

[154] Tomassini, M., Luthi, L., Giacobini, M., "Hawks and Doves on Small – world Networks", *Physical Review E*, Vol. 73, No. 1, 2006, 016132.

[155] Tomassini, M., Pestelacci, E., Luthi, L., "Mutual Trust and Cooperation in the Evolutionary Hawks – doves Game", *Biosystems*, Vol. 99, No. 1, 2010, pp. 50 – 59.

[156] Tomassini, M., Pestelacci, E., Luthi, L., "Social Dilemmas and Cooperation in Complex Networks", *International Journal of Modern Physics C*, Vol. 18, No. 7, 2007, pp. 1173 – 1185.

[157] Traulsen, A., Nowak, M. A., Pacheco, J. M., "Stochastic Payoff Evaluation Increases the Temperature of Selection", *Journal of the Oretical Biology*, Vol. 244, No. 2, 2007, pp. 349 – 356.

[158] Traulsen, A., Nowak, M. A., "Evolution of Cooperation by Multilevel Selection", *Proceedings of the National Academy of Sciences*, Vol. 103, No. 29, 2006, pp. 10952 – 10955.

[159] Tucker, K., "Scenario Planning", *Association Management*, Vol. 51, No. 4, 1999, pp. 70 – 77.

[160] Turner, B. A., "The Organization and Inter Organization Development of Disasters", *Administrative Science Quarterly*, Vol. 21, No. 3, 1976, p. 378.

[161] Turner, B. A., *Engineering Safety*, The Sociology of Safety in

Blockley, Maidenhead: McGraw - Hill International, 1992.

[162] Turner, R. H., Killian, L. M., "Collective Behavior", *Oxford, England: Prentice - Hall*, 1957, p. 547.

[163] Tüyüsz, F., Kahraman, C., "Modeling a Flexible Manufacturing Cell Using Stochastic Petri Nets with Fuzzy Parameters", *Expert Systems with Applications*, Vol. 37, No. 5, 2010, pp. 3910 - 3920.

[164] Van der Heijden, K., *Scenarios: The Art of Strategic Conversation*, John Wiley & Sons, 2011.

[165] Vukov, J., Szabó, G., Szolnoki, A., "Evolutionary Prisoner's Dilemma Game on Newman - Watts Networks", *Physical Review E*, Vol. 77, No. 2, 2008, 026109.

[166] Wack, P., "Scenarios: Shooting the Rapids", *Harvard Business Review*, Vol. 63, No. 6, 1985, pp. 139 - 150.

[167] Wang, W. X., Ren, J., Chen, G., et al., "Memory - based Snowdrift Game on Networks", *Physical Review E*, Vol. 74, No. 5, 2006, p. 056113.

[168] Watts, D. J., Strogatz, S. H., "Collective Dynamics of 'Small - world' Networks", *Nature*, Vol. 393, No. 6684, 1998, pp. 440 - 442.

[169] Weibull, J. W., *Evolutionary Game Theory*, MIT Press, 1995.

[170] Wever, S., Aadland, D., "Herd Behaviour and Underdogs in the NFL", *Applied Economics Letters*, Vol. 19, No. 1, 2012, pp. 93 - 97.

[171] Wilson, I., "From Scenario Thinking to Strategic Action", *Technological Forecasting and Social Change*, Vol. 65, No. 1, 2000, pp. 23 - 29.

[172] World Health Organization, "Summary Table of SARS Cases by Country, 1 November 2002 - 7 August 2003", *Wkly Epidemiol*

Rec, No. 35, 2003, p. 310.

[173] Yang, H. X., Wang, W. X., Wu, Z. X. et al., "Diversity-optimized Cooperation on Complex Networks", *Physical Review E*, Vol. 79, No. 5, 2009, p. 056107.

[174] Youness, O. S., El-Kilani, W. S., El-Wahed, W. F. A., "A Behavior and Delay Equivalent Petri Net Model for Performance Evaluation of Communication Protocols", *Computer Communications*, Vol. 31, No. 10, 2008, pp. 2210-2230.

[175] Zarboutis, N., Marmaras, N., "Searching Efficient Plans for Emergency Rescue Through Simulation: the Case of a Metro Fire", *Cognition, Technology & Work*, Vol. 6, No. 2, 2004, pp. 117-126.

[176] Zheng, Y., Wang, Q., Danca, M. F., "Noise Induced Complexity: Patterns and Collective Phenomena in a Small-world Neuronal Network", *Cognitive Neurodynamics*, Vol. 8, No. 2, 2014, pp. 143-149.

[177] Zhong, L. X., Zheng, D. F., Zheng, B., et al., "Networking Effects on Cooperation in Evolutionary Snowdrift Game", *Europhysics Letters*, Vol. 76, No. 4, 2006, p. 724.

[178] Zhu, Q., Dou, Y., "Evolutionary Game Model between Governments and Core Enterprises in Greening Supply Chains", *Systems Engineering Theory & Practice*, Vol. 27, No. 12, 2007, pp. 85-89.

后 记

在本书即将付梓出版之际，特别感谢我的导师李勇建教授对我的谆谆教诲和亲切关怀。李老师尽管工作繁忙，但在我撰写书的过程中提出了很多宝贵的意见和建议。李老师渊博的知识、严谨的治学态度和谦恭的学者风范是我学习的榜样，并谨记老师的教导，在今后的工作中，不断努力学习，完善自我。

感谢山东工商学院公共管理学院于秀琴院长、傅志明书记、廖少宏院长、蔺雪春主任、吴波主任对我的大力支持和无私帮助。本书的出版也得到了公共管理学院学科和专业群建设经费资助。

感谢研究团队的孙俊清教授、吴晓丹教授、孙晓晨副教授、魏杰副教授、李响副教授、陈孝伟副教授。感谢各位老师在研讨班上对我的指导和帮助，不断指正修改的不足。

感谢我的同门许垒、吴英晶、石丹、甄学平、乔晓娇、郑雄、赵秀堃、王文、王治莹、薛克雷、牛水叶、刘云云、徐芳超、时毓彤、冯立攀等师兄师弟们，感谢你们对我的专著提出宝贵的意见。

感谢我的硕士导师上海大学管理学院副教授孙华丽老师，她将我带入应急管理学术研究的领域。

感谢抚养我健康成长并一直支持我学业的父母家人，他们在精神上和物质上给了我莫大的支持、关心和帮助，我将在以后的学习和工作中，更加努力，报答他们对我的养育之恩！

感谢我的爱人孙晓羽博士，她的大力支持和无私奉献为我撰写本书提供了保障，非常感谢她的理解和包容！

王循庆

2017 年 1 月 20 日

于山东工商学院